东北地区劳动力外流问题及影响因素研究

王 雪 著

哈尔滨工程大学出版社
Harbin Engineering University Press

内容简介

近年来,东北地区人口逐年呈负增长趋势,主要原因是劳动力外流人数的增加。因此,东北地区的劳动力外流问题愈发受到重视。

本书基于劳动力流动相关理论,系统地分析了东北地区劳动力外流的问题。主要研究方向是从东北地区劳动力外流的现状出发,深入分析其影响因素,从宏观层面和微观层面进行实证分析,并在此基础上提出相关的政策建议。在研究过程中采用定性分析和定量分析相结合的方法,深入探讨东北地区劳动力外流的影响因素。本书内容紧密结合东北地区实际情况,具有较强的现实意义。

本书可作为劳动经济学、区域经济学相关领域的科研人员专业教材,也可作为从事人才引进、人力资源管理有关部门的参考资料。

图书在版编目(CIP)数据

东北地区劳动力外流问题及影响因素研究/王雪著.——
哈尔滨:哈尔滨工程大学出版社,2023.7
    ISBN 978-7-5661-4053-1

    Ⅰ.①东… Ⅱ.①王… Ⅲ.①劳动力流动-研究-东北
地区 Ⅳ.①F249.212

中国国家版本馆 CIP 数据核字(2023)第 131821 号

东北地区劳动力外流问题及影响因素研究
DONGBEI DIQU LAODONGLI WAILIU WENTI JI YINGXIANG YINSU YANJIU

选题策划	刘凯元
责任编辑	张 彦　田雨虹
封面设计	李海波

出版发行	哈尔滨工程大学出版社
社　　址	哈尔滨市南岗区南通大街 145 号
邮政编码	150001
发行电话	0451-82519328
传　　真	0451-82519699
经　　销	新华书店
印　　刷	哈尔滨午阳印刷有限公司
开　　本	787 mm×1 092 mm　1/16
印　　张	7.5
字　　数	131 千字
版　　次	2023 年 7 月第 1 版
印　　次	2023 年 7 月第 1 次印刷
定　　价	45.00 元

http://www.hrbeupress.com
E-mail:heupress@hrbeu.edu.cn

前　言

　　随着经济全球化的不断推进和科学技术的不断进步,劳动力流动已经成为当今社会中一个普遍存在的现象。随着经济转型和结构调整的深入,东北地区的传统产业面临困境,部分劳动力难以在当地找到合适的就业机会,因此选择离开东北地区以寻求发展。据统计,近年来东北地区的劳动力流出量呈现逐年递增的趋势,对东北地区的经济、社会和人口结构产生了重大影响。东北地区劳动力外流问题不容忽视。

　　本书通过一系列理论分析和实证研究来探讨东北地区劳动力外流现象的产生因素,以及如何在当前经济社会发展的背景下解决这些问题。旨在为政策制定者、研究者和其他利益相关者提供实用的建议。

　　本书共包括八章。第一章为导论,分析了东北地区劳动力外流问题的背景、目的和意义,也对劳动力流动的相关概念进行了解释,为本书后续分析提供理论基础。第二章是劳动力流动的理论和文献综述,主要从理论层面分析劳动力流动的规律,并对国内外学者对劳动力流动的影响因素研究进行了系统梳理。第三章是我国人口流动的规模和趋势,描述我国人口变化的现状。第四章是东北地区劳动力流动现状分析,从历史变迁、宏观劳动力流动测度、微观劳动力流动的特征多个角度描述东北地区劳动力外流的现状。第五章是东北地区劳动力外流影响因素研究,主要从宏观视角和微观视角两个方面进行详细阐述,并构建指标体系。第六章是东北地区劳动力外流影响因素实证分析——基于宏观层面分析,运用 PLS 模型进行实证分析,得到宏观因素对东北地区劳动力外流的影响作用。第七章是东北地区劳动力外流影响因素实证分析——基于微观层面分析,二元 logistic 回归模型进行实证分析,得到微观因素对东北地区劳动力外流的影响作用。第八章是改善东北地区劳动力外流问题的政策建议,主要从增加就业机会,建立人才引进、留用机制,优化就业环境,提高公共服务水平等方面提出建议以缓解劳动力外流现状。

本书在撰写过程中,参考了大量国内外相关领域的论文资料,也得到了中南财经政法大学和齐齐哈尔大学的大力支持,在此一并致以真挚的感谢。本书的出版得到了黑龙江社会科学基金(项目名称:新时代创新驱动下黑龙江传统企业转型与竞争力提升研究,项目编号:19GLB084)的资助。

著者为中南财经政法大学公共管理学院劳动经济学专业博士研究生(在读),就职于齐齐哈尔大学经济与管理学院。研究方向为劳动力流动问题。

由于著者水平有限,书中难免存在疏漏与不足之处,恳请广大读者批评指正。

著　者

2023 年 4 月

目　　录

第一章　导论 ……………………………………………………………… 1

    第一节　研究背景 ………………………………………………………… 1

    第二节　研究目的及意义 ………………………………………………… 4

    第三节　劳动力流动的相关概念 ………………………………………… 6

    第四节　本章小结 ……………………………………………………… 11

第二章　劳动力流动的理论和文献综述 ……………………………… 12

    第一节　劳动力流动的理论 …………………………………………… 12

    第二节　劳动力流动的文献综述 ……………………………………… 15

    第三节　文献评述 ……………………………………………………… 19

    第四节　本章小结 ……………………………………………………… 20

第三章　我国人口流动的规模和趋势 ………………………………… 21

    第一节　我国人口变化的总体趋势 …………………………………… 21

    第二节　我国人口流动的规模和流向 ………………………………… 23

    第三节　本章小结 ……………………………………………………… 25

第四章　东北地区劳动力流动现状分析 ……………………………… 27

    第一节　东北地区劳动力流动的历史变迁 …………………………… 27

    第二节　东北地区劳动力基本情况分析 ……………………………… 29

    第三节　劳动力流动的测度 …………………………………………… 38

    第四节　东北地区流出劳动力的主要特征 …………………………… 44

    第五节　本章小结 ……………………………………………………… 52

第五章　东北地区劳动力外流影响因素研究 ………………………… 54

    第一节　东北地区劳动力外流宏观影响因素分析 …………………… 54

    第二节　东北地区劳动力外流微观影响因素分析 …………………… 58

第三节　东北地区劳动力外流的影响因素指标体系 ················ 61

第四节　本章小结 ··· 65

第六章　东北地区劳动力外流影响因素实证分析——基于宏观层面分析 ··· 66

第一节　研究假设的提出 ·· 66

第二节　影响因素指标的选取及说明 ································ 69

第三节　数据来源及样本选择 ······································ 72

第四节　模型的设定 ·· 73

第五节　基于 PLS 模型的实证分析 ································· 76

第六节　本章小结 ··· 81

第七章　东北地区劳动力外流影响因素实证分析——基于微观层面分析 ··· 82

第一节　数据来源及样本选择 ······································ 82

第二节　变量的选取及说明 ·· 84

第三节　模型的设定 ·· 86

第四节　实证结果分析 ·· 87

第五节　本章小结 ··· 91

第八章　改善东北地区劳动力外流问题的政策建议 ··············· 93

第一节　增加就业机会 ·· 93

第二节　建立人才引进、留用机制 ··································· 97

第三节　优化就业环境 ·· 101

第四节　提高公共服务水平 ·· 104

第五节　本章小结 ··· 107

参考文献 ·· 108

第一章 导　　论

第一节　研　究　背　景

自改革开放以来,与东南沿海省份相比,东北地区的发展速度相对滞后。特别是 20 世纪 90 年代中后期开始,东北地区的经济增长乏力,就业压力持续增大。自 2014 年起东北地区经济增速呈"断崖式下跌",2022 年东北三省的 GDP 实际增速均低于全国平均水平,吉林省不增反减,为全国最低(-1.9%);在 GDP 名义增速层面上,仅有黑龙江省高于全国平均水平,吉林省仍为全国最低(-1.25%)。东北地区经济发展缓慢的重要原因之一是劳动力大量外流。由于我国经济结构不断调整,人口结构也相应发生改变,各省市"抢人大战"日益激烈。同时,随着户籍制度的改革,东北地区劳动力外流逐渐加剧。在这样的背景下,需要深入分析东北地区劳动力外流的影响因素,并提出有针对性的建议改善这一问题,以促进东北地区经济协调发展。

一、经济结构不断调整变化

传统上,东北地区是我国的重工业和资源型产业基地,这些产业占据了东北地区经济的主导地位,但是这些传统产业发展模式不可持续,资源枯竭、环境污染等问题日益凸显,产业转型升级亟待加速。此外,随着国家新一轮产业升级和转型升级的推进,新兴产业如高新技术产业、服务业等在国家和地方政策的支持下也在东北地区迅速发展。这些新兴产业对高素质的劳动力需求较大,与传统产业的劳动力需求存在差异。随着国家经济结构调整的不断深入,东北地区的传统重工业、资源型产业等行业面临转型升级的压力,东部地区经济实力快速提升,高技能人才和专业人才的需求也迅速增长,这导致东北地区高素质人才较大规模地向东部地区流动。

二、人口结构发生改变

随着我国经济的快速发展和城市化进程的加速,东北地区的人口结构发生了明显的变化。数据显示,2022 年年末黑龙江省常住总人口 3 099 万人,比上年减少 26 万人;辽宁省 2022 年年末常住人口 4 197 万人,比上一年减少 32.4 万人;2022 年吉林省全省总人口为 2 347.69 万人,比上一年减少了 27.69 万人。东北三省 2022 年常住人口共减少 86.69 万人。东北三省常住人口减少较多,主要跟低出生率有关。数据显示,2022 年黑龙江省人口出生率为 3.34‰,辽宁省为 4.08‰,吉林省为 4.33‰。三省出生率为全国倒数后三位。人口自然增长率方面,黑龙江省为 -5.75‰,辽宁省为 -4.96‰,吉林省为 -4.07‰,同样为全国倒数后三位。数据显示,2022 年吉林省出生人口 10.23 万人,黑龙江省出生人口 10.39 万人,辽宁省出生人口 17.2 万人,三省出生人口合计跌破了 40 万人,仅为 37.74 万人,仅占全国的 3.95%。

随着生活水平的提高和医疗条件的改善,东北地区的老年人口比例逐年上升。据统计,截至 2020 年底,辽宁省 60 岁及以上老年人口占总人口比例为 25.7%,居全国最高,黑龙江省占比 23.2%,吉林省占比 23.1%,分列第二位和第三位。在东北地区的人口结构中,劳动年龄人口占比逐年下降。据统计,截至 2020 年底,黑龙江省 15~59 岁人口占比为 66.46%,吉林省 15~59 岁人口占比为 65.23%,辽宁省 15~59 岁人口占比为 63.16%,相比全国平均水平占比则更低[①]。东北地区老龄化、劳动年龄人口减少等问题将对东北地区的社会经济等方面产生深远的影响。

三、"抢人大战"日趋激烈

近年来,各省市已经认识到人力资源对地区经济发展的重要作用,不断加大对劳动力流动的支持和引导。各省市政府出台了人才引进政策、户籍制度改革等一系列政策措施促进人才流动。

---

① 数据来源:第七次全国人口普查数据。

各省市政府为了吸引优秀的人才,出台了一系列人才引进的政策和措施,包括人才引进计划、高层次人才引进计划、人才落户政策、人才住房保障等,同时能够提供丰厚的薪酬、医疗、福利等待遇,以及为人才提供便利的子女教育等服务,各省市之间的"抢人大战"日趋激烈。东北地区在面临经济结构调整和人口老龄化等问题的同时,也在大力推进"抢人大战",各地通过人才引进、人才培养和创业扶持等方式,吸引优秀人才回归或前往东北地区发展,推动经济发展和转型升级。受到经济发展水平的影响,一些发达地区也在进行"抢人大战",并且更加具有竞争力。这些人才引进政策的出台,不仅吸引了大量的东北地区劳动力,同时也加速了东北地区劳动力的外流。

四、户籍制度改革

在过去,户籍制度作为一个重要的人口管理制度,限制了人口流动和城市化进程,导致了许多劳动力无法享受到城市提供的更多机会和福利。因此,户籍制度改革的出现使得劳动力流动变得更加自由和便利,增加了劳动力的选择空间,提高了劳动力的流动效率和就业机会。具体来说,户籍制度改革通过取消户籍限制、放宽落户条件、建立跨地区社会保障制度等一系列措施,为劳动力的流动提供了更多便利和保障。劳动力可以更加自由地选择自己的工作地点,并享受到更多的社会福利和保障。此外,户籍制度改革还促进了城乡融合,以及城市和农村的互动与交流,推动了城市化和现代化进程。

随着户籍制度的改革的推进,我国各省市政府陆续出台政策放宽了城市落户的条件。户籍制度改革使得外来人口可以更容易地落户,进而使得更多的人才可以获得城市居民的身份和待遇,也逐步解决流动人口的就医难、子女上学难等问题,从而提高了流动人口在城市中的生活质量。户籍制度改革使得劳动力的流动性逐渐增强,也进一步加速了东北地区的劳动力向其他地区流动。

五、人口外流问题日益严重

我国人口的集聚效应进一步显现。从流向上看,我国人口持续向沿江、沿海地区和内地城区聚集,长三角、珠三角、成渝城市群等主要城市群的人口增长迅速,集聚度加大。人口流入经济发达地区是一个显著特点。由于更易受经济等因素影响,青年的人口迁移率要比老年人的迁移率更高,所以经济发达的省份吸收的人口以年轻人为主,这些人也为当地生育率做了贡献。然而东北地区属于劳动力净流出地区,《2021 年哈尔滨市国民经济和社会发展统计公报》显示,2021 年年末哈尔滨市全市户籍总人口 943.2 万人,全市常住人口 988.5 万人。相比于第七次全国人口普查时,2021 年哈尔滨市全市常住人口减少了 10 余万人。人口净流出会给经济社会发展带来一定负面影响,需要进一步关注。

第二节　研究目的及意义

一、研究目的

劳动力是推动经济发展和社会进步的核心要素之一,是实现国家现代化和建设富强国家的重要基础。劳动力是经济发展的基础和动力,一个地区的经济发展离不开劳动力的贡献,需要充足的劳动力来满足各行各业的生产和服务需求。此外,劳动力素质的提高也能促进经济发展,提高生产力和竞争力。劳动力是社会进步的重要因素,劳动力的素质、技能和素养水平的提高,能够促进社会文明进步、科学技术创新和社会管理水平的提高。劳动力的发展也有助于实现社会公平和人类发展。劳动力对于一个地区的可持续发展非常重要。劳动力的流动和发展状况,关系到一个地区的人口结构、人才储备和经济增长的稳定性。因此,加强对劳动力的培养、保护和发展,有助于推动一个地区实现可持续发展目标,促进社会的和谐稳定和增进人民的福祉。

近年来,东北地区青壮年人口的流失比例较高,这对东北地区的劳动力供需、经济发展、社会稳定等方面都产生了不利的影响,东北地区劳动力外流问题已逐渐凸显。

(一)对劳动力供需的影响

由于劳动力的流失,许多企业和机构在招聘和培养人才方面面临着很大的压力。同时,劳动力外流也使得东北地区的劳动力市场供需不平衡,导致一些行业和地区出现劳动力短缺的现象,这对经济发展产生了负面影响。

(二)对经济发展的影响

东北地区是我国的老工业基地,但随着国家产业结构的调整和转型,东北地区的经济也在不断转型升级。然而,劳动力的外流对于东北地区的经济发展造成了一定的限制,尤其是对于高技术产业和服务业的发展影响更为显著。

(三)对社会稳定的影响

由于劳动力外流,一些家庭面临着生计困难,所以给社会治安和稳定也带来了一定的挑战。因此,加强对东北地区劳动力流失问题的研究和探讨,制定相应的政策和措施,对于促进东北地区的经济发展和社会稳定具有重要意义。

二、研究意义

(一)为政府制定合理的政策提供支撑

通过分析东北地区劳动力外流的影响因素可以深入挖掘东北地区劳动力外流的根本原因,从众多因素中发现最重要的影响因素,并探寻不同影响因素对东北地区劳动力外流的影响程度,从而探索解决劳动力外流的有效途径和措施。通过研究东北地区劳动力外流问题,可以找寻如何有效地解决这一问题的方法,制定相关政策和措施,还可以为东北地区劳动力管理和发展提供科学依据,帮助政府和有关部门制定科学、合理的政策和措施,促进东北地区经济和社会的协调发展。

(二)优化劳动力市场

研究东北地区劳动力流失问题,可以帮助政府和企业更好地了解劳动力市场的供需状况,为劳动力市场的优化提供依据。通过完善劳动力市场的机制,提高市场透明度和效率,可以更好地满足劳动力的需求,也可以为企业提供更多更好的劳动力资源。

(三)促进经济发展

劳动力是推动经济发展的重要因素。随着东北地区经济结构的转型升级,需要大量的技术型劳动力来推动经济发展。研究东北地区劳动力流失问题,能够有针对性地开展加强人才培养、提高工资待遇、改善工作环境等引人、留人的举措,可以留住更多的优秀劳动力,促进东北地区新兴产业发展和经济结构转型升级,从而为经济发展注入新的动力。

第三节 劳动力流动的相关概念

一、人口流动相关概念

为了更好地探寻东北地区劳动力外流的问题及影响因素,必须厘清相关概念,在此基础上进行分析。本节重点介绍人口流动相关的概念,以及各概念之间的联系和区别。

(一)人口流动

人口流动是指人口在地理空间上的迁移和变动。这个概念可以涵盖不同类型的人口流动,根据人口流动的时间,可以把人口流动划分为以下几类。

(1)长期人口流动,即离开户口登记地 1 年以上,在外寄居,而户口仍留在登记地。

(2)暂时人口流动,即离开户口登记地 1 天以上、1 年以下,在外寄居或停留,而户口仍在登记地。

(3)周期性人口流动,即有规律地定期离开户口登记地和返回户口登记地。

(4)往返性人口流动,一般指早出晚归,不在外过夜的人口流动(如城市职工的上下班等),又称为钟摆式人口流动。

人口流动是一个普遍的现象,它可以在不同的时间和地点发生。人们可能会移居到其他地方,为寻求更好的工作机会、生活条件、教育和医疗资源等。此外,人口流动还可能受到政治、经济、环境和社会因素的影响。

(二)人口迁移

联合国《多种语言人口学辞典》给人口迁移下了一个为人们普遍接受的定义,

即:"人口在两个地区之间的地理流动或者空间流动,这种流动通常会涉及永久性居住地由迁出地到迁入地的变化。这种迁移被称为永久性迁移,它不同于其他形式的、不涉及永久性居住地变化的人口移动。"

1. 属性

人口迁移包括两个属性,即时间属性和空间属性。时间属性说明居住地发生了永久性或长期性变化的才能被称为人口迁移;空间属性说明迁入地和迁出地存在一定距离,在同一区域内改变居住地则不属于人口迁移。

2. 类型

人口迁移可以分为国内迁移和国际迁移两种类型。国内迁移是指人口在一个国家内的流动,如从一个城市到另一个城市、从一个乡村到另一个乡村,或者从城市到乡村、从乡村到城市等形式的流动。国际迁移则是指人口跨越国界的流动,如从一个国家移民到另一个国家。在全球化的背景下,人口迁移现象日益普遍。随着交通、通信、科技和全球化趋势的不断发展,人口迁移的速度和范围也在不断扩大。例如,国际移民已经成为全球性的现象,每年有数百万人口移居到其他国家,这对世界各国的政治、经济和社会都产生了深远的影响。

3. 影响

人口迁移对个人和社会都有深远的影响。

(1)对于个人而言,移民可能会面临适应新环境、新文化和新语言的挑战。但是,移民也可能会获得更好的经济和教育机会,改善生活质量。

(2)对于社会而言,移民可能会对人口结构和文化多样性产生影响,同时也可能带来新的经济和文化贡献。

(三)流动人口

流动人口一般是指离开了户籍所在地去其他地方居住的人口。国家统计局定期发布流动人口数据,其统计口径是指在人户分离人口中扣除市辖区内人户分离的人口。人户分离人口是指经常性居住地与户口登记地所在的乡镇街道不一致且离开户口登记地半年及以上的人口。在我国,由于户籍管理制度的存在,很多人发生空间变动时户籍并未改变,由此产生他们的经常性居住地和户籍登记地不一致的状况。我们将这种现象称为人户分离现象,这些人则被称为人户分离人口。

流动人口可以分为流入人口和流出人口。流入人口是指来到流入地的非户籍人口,流出人口是指离开户籍地到其他地方居住的户籍人口。流动人口根据流动性可以分为常住流动人口和短期流动人口,常住流动人口一般指在流入地居住较长的一段时间。

随着经济社会的快速发展,我国城乡之间、城市与城市之间人口流动的规模不断扩大,流动人口大量增加。第七次全国人口普查结果显示,我国流动人口为 37 582 万人,其中,跨省流动人口为 12 484 万人。2021 年年末,全国流动人口 3.85 亿人。

二、劳动力流动相关概念

劳动力是人口的一部分,主要指具有劳动能力的人口。在实际统计中,考虑劳动年龄和劳动能力两个因素,一般使用劳动年龄人口和社会劳动力资源总数来对劳动力进行界定。在研究中,一般以劳动年龄作为区分是否为劳动力的标准。我国一般规定男子 16~60 岁、女子 16~55 岁的人口为劳动适龄人口。所以,人口流动中劳动力流动占了主要部分。

(一)劳动力流动

劳动力流动是指劳动者在地区之间、产业之间、职业之间和岗位之间的变迁。劳动力流动是劳动力商品化的结果,是劳动力追求价值最大化的直接表现。

1.劳动力区域间流动

劳动力区域间流动是指劳动力从一个地区向另一个地区的移动,以获得工作机会或提高收入。这种流动通常发生在不同的国家之间,但也可能发生在同一国家内的不同地区之间。以国家为地域单位的劳动力流出或流入,通常称为劳务出口或劳务进口。跨国劳动力流动指跨越国界的劳动力流动,通常是为了追求更好的工作机会、薪资和福利待遇等。跨省市劳动力流动指在同一国家内不同省份或城市之间的劳动力流动。例如,一些劳动力从较不发达的地区迁移到发达地区,以寻求更好的就业机会和生活条件。同时也有劳动力在城乡之间流动,主要是由乡村向城市流动,城乡流动是劳动力地区流动的重要方面。

各地区的劳动力资源、物质资源和生活水平存在较大差异,这是影响劳动力区域流动的主要因素。例如,一些发达地区拥有更多的就业机会、更高的薪资水平、更好的福利保障等,这可能会吸引来自其他地区的劳动力前往寻求。另一方面,一些地区由于经济不发达、资源匮乏、自然灾害等原因,使得当地居民无法获得满意的工作和生活,因此他们可能会选择移居到其他地区。

劳动力区域间流动可能会带来一些正面的影响,如促进经济发展、提高就业机会和技能水平、改善生活条件和缓解劳动力短缺问题等。同时也可能会带来一定的负面影响,如造成劳动力和人才流失、加剧收入差距和贫富分化、对目标地区的基础设施和社会服务产生压力等。

2.劳动力产业间流动

劳动力产业间流动是指劳动力从事的工作从一个产业向另一个产业转移。如农村剩余劳动力从农业的第一产业转移到第二产业或第三产业的过程。劳动力产业间流动主要取决于社会产品总量及其结构的变化。这种流动具有一定的规律性,最初由农业流向非农业,进而由工业、农业流向服务业,由此引起就业结构的重大变化。

劳动力产业间流动通常是不同产业之间的发展水平、薪资水平和就业机会等因素不同而导致的。例如,一方面,一些产业因为技术发展、市场需求或政策扶持等原因而发展迅速,这可能会吸引来自其他产业的人才前往从事相关的工作;另一方面,一些产业由于技术落后、市场萎缩或政策限制等原因,使得当地从业人员无法获得满意的工作和生活,因此他们可能会选择向其他产业转移。

劳动力产业间流动能够在一定程度上促进劳动力和产业结构的优化和升级,提高就业机会和技能水平,改善生活条件和促进经济发展等。同时也会导致劳动力流出的产业人力资源短缺,影响该产业的稳定和发展。

3.劳动力职业间流动

劳动力职业间流动是指劳动力在不同职业之间的变动,是职业角色变换的过程。根据职业流动的方向性,职业流动可划分为水平流动和垂直流动。水平流动是在技术水平、收入水平、社会地位大体相同的职业之间的流动;垂直流动是在技术水平、收入水平、社会地位明显差别的职业之间的流动。社会成员从下层地位/职业向上层地位/职业的流动为向上流动,从上层地位/职业向下层地位/职业的流动为向下流动。

一些职业因为技能需求大、工资待遇优厚、职业发展前景广阔等原因而成为"热门"职业,吸引了来自其他职业的人才前往从事相关工作。另外,一些职业由于工作压力大、薪资低、职业前景不佳等原因,使得当地从业人员选择向其他职业转移。值得注意的是,劳动力的职业流动经常伴随着区域间的流动或产业间流动,但是职业流动并不一定会引起劳动力在区域间的流动和产业间的流动。

4.劳动力岗位间流动

劳动力岗位间流动主要指从一个工作岗位到另一个工作岗位的人员流动,这种流动通常发生在同一企业内。劳动力岗位间流动可能会因为职位、薪资、福利待遇、工作环境等因素的不同而产生。

不同岗位的工作性质和技能要求不同,因此劳动力在岗位间流动需要具备一定的技能或能力。同时,不同的企业对劳动力的要求也不同,需要劳动力具备相应的技能和经验。劳动力岗位间流动可以使劳动力更好地发挥自身的能力和才华,同时也可以提高企业的生产效率和竞争力。对于劳动力来说,流动可以提高个人的就业和职业发展机会,拓宽个人的职业发展道路。由于不同岗位的技能要求和工作性质不同,因此在劳动力岗位间流动过程中可能存在一定的难度和阻碍。例如,一些岗位需要具备较高的技能和经验,对于一些初入职场的劳动力来说可能比较困难。在劳动力岗位间流动时,劳动力可能需要接受一定的培训和学习,以适应新的工作环境和要求。这对于劳动力的职业发展和企业的生产效率都有着重要的提升作用。

(二)劳动力迁移

劳动力迁移是指劳动力以改变就业及收入状况为主要目的而在不同地区或国家之间的迁移。如同教育投资、在职培训等一样,劳动力迁移也是人力资本投资的一种途径,需要花费一定的成本或牺牲目前的收入以获得迁移后更高的收益。

劳动力迁移通常是指一个人从一个地区或国家移居到另一个地区或国家,以寻找更好的工作机会或更好的生活条件。这种迁移往往是永久性的,即一个人将永久地搬到新的地方居住和工作。劳动力流动所包含的则更为广泛,除地区间转移以外还包括各种产业间、职业间、岗位间的劳动力移动。同时劳动力流动也包括短期或长期的、季节性或非季节性的劳动力流动。如一些工人可能会在一个城市或国家内短期工作,然后搬到另一个地方寻找更好的机会,这类属于劳动力的流动而非劳动力迁移。

第四节 本 章 小 结

本章详细阐述了东北地区劳动力外流的研究背景,包括经济结构不断调整变化、人口结构发生改变、"抢人大战"日趋激烈、户籍制度改革、人口外流问题日益严重等现实问题,分析了劳动力外流问题对东北地区发展的重要性。同时阐述了研究东北地区劳动力外流问题的动机和意义。本章还介绍了本书中涉及的主要概念的定义和解释,其中包括人口流动的相关概念、劳动力流动的相关概念。基本概念的解释为读者深入学习本书提供了更多的背景知识和理论支持。

综上所述,本章主要介绍了导论部分的相关内容,包括研究背景、研究目的意义以及主要概念的界定。这些内容为后续章节的论述和分析提供了基础和支撑,为读者深入理解本书的研究内容和意义提供了指导和帮助。

第二章 劳动力流动的理论和文献综述

第一节 劳动力流动的理论

一、宏观理论

(一)二元经济理论

二元经济理论是指在发展中国家中,城市和农村之间形成了两个互不相同的经济体系,这两个体系之间存在着某种程度的隔离和分割。这种二元经济结构导致城乡之间产生巨大差距和不平等现象。在二元经济理论中,劳动力流动被认为是缩小城乡差距和改善二元经济结构的关键因素之一。通过劳动力的迁移,劳动力可以流动到工业化和城市化程度较高的城市,以寻求更好的就业机会,同时也可以减少农村地区的人口压力,提高农村地区的生产力。然而,二元经济理论也指出,劳动力流动并不是完全顺畅的。由于城乡之间的经济和社会发展不平衡,城市和农村之间存在着许多不同的障碍和限制。这些限制包括城市户籍和土地政策、就业歧视和技能不匹配等问题,使得农村劳动力难以融入城市劳动力市场。

因此,二元经济理论认为,城乡经济一体化与合理化的政策和制度设计,是推动劳动力流动和缩小城乡差距的关键因素。这包括加强城乡之间的基础设施建设、改善农村地区的教育和技能培训、降低城市入户门槛和提高农民工的就业保障等方面。

(二)推拉理论

美国学者 E. S. Lee 提出的推拉理论解释了人口迁移的原因,该推论认为劳动力流动是由两种不同方向的力相互作用的结果,即迁出地的推力和迁入地的拉力,它认为劳动力流动是由"推力"和"拉力"两个因素共同作用的结果。"推力"是指人口来源地的不利条件和限制,如就业机会不足、工资低、社会福利差、教育和培训机会不足等,这些因素会"推"着人们离开家乡或原居地。"拉力"是指其他地区或国家的优势和机会,如更好的就业机会、更高的工资、更好的社会福利、更好的教育和培训机会等,这些因素会"拉"着人们去其他地区或国家。推拉理论认为,当"拉力"大于"推力"时,人们就会选择离开原居地,流向其他地区或国家。同时,"推力"和"拉力"也会影响人口流动的方向、规模和类型。

推拉理论从运动学观点系统阐述流动决策是流入地与流出地双重推拉作用的结果,其中流出地存在一种起主导作用的"推力",如农村劳动力过剩导致的就业不足、农业投入成本增高、较为落后的区域经济水平;流入地存在着起主导作用的"拉力",吸引外地劳动力流动和实现劳动资源有效配置,而流入地的"拉力"作用也成为影响劳动力流动的重要因素和成为学者广泛讨论的主题。在劳动力迁入地,存在着起主导作用的"拉力",是促使劳动力转移的积极因素,包括较多的就业机会、较高的工资收入、较高的生活水平等。在推拉理论的基础上,还存在中间阻碍因素与个人因素,大量文献证实了该观点。已有研究发现,较为显著的中间阻碍因素包括空间距离、户籍制度、非携带式医保等。同时,个体因素也在劳动力流动决策中发挥其作用,如个人受教育程度、方言习惯及家庭社会网络等方面。

推拉理论认为,政策和制度的调整可以影响"推力"和"拉力"的平衡,以促进更合理、更平衡和更有益的人口流动。这些政策和制度可能包括加强教育和培训、提高社会福利、改善就业机会和工资水平、加强人口流动的监管和保护等。

二、微观理论

(一)成本–收益理论

人力资本投资理论的开创者舒尔茨在《人力资本投资》中提出人力资本是指人力资源的质的方面,即技能、知识和能影响个人从事生产性工作能力的其他特征。教育支出、健康支出和为获得更好工作机会而进行的内部迁移都属于人力资本投资的范畴。人力资本的形成不仅需要付出时间和精力,还需要付出直接和间接的经济成本,而劳动力流动可以被看作一种人力资本投资,劳动力流动过程虽然需要付出一定的成本,但是在未来相当长时间内能获得更高的收益。这些成本包括寻找新工作所需的时间和金钱成本、适应新的生活环境的成本、失去原有社交网络和家庭联系的成本等。而收益则包括获得更高的工资和福利、更好的就业机会和职业发展、更高的生活质量等。

成本-收益理论认为,当个人可以获得更高的收益时,他们可能会决定离开原居住地并移居到其他地方,即使这意味着要承担一些成本。同样,如果离开原居住地所需的成本太高,那么个人可能会决定留在原居住地。该理论也指出,不同个体之间的成本和收益可能会有不同,因此,在相同条件下,有些人可能愿意移动,而有些人则愿意留在原居住地。同时,这些成本和收益也可能随着时间的推移而发生变化,从而影响劳动力流动的决策。

成本-收益理论从成本和收益权衡的角度分析劳动力流动决策问题,只有当收益大于成本时劳动力才会做流动决策,而收益主要来源于更好的就业机会、收入的增加、更好的生活环境等,用收益来抵消流动产生的成本。因此,该理论很好地解释了个体劳动者流动决策的过程以及影响劳动力流动决策的因素。

(二)新经济地理理论

20世纪90年代初,克鲁格曼在《政治经济学杂志》上发表了《收益递增和经济地理》一文,由此开辟了新经济地理的研究。克鲁格曼在借鉴经典区位理论的基础上,引入了世界贸易、新经济增长理论的最新研究成果,改造并创新了传统区位理论,在此基础上构造出一套新的空间区位理论。新经济地理理论是一种关于地理空间和经济发展关系的理论,它对劳动力流动的影响也有一定的解释。该理论认为,劳动力流动是由地理空间上的经济和社会条件以及地方之间的互动关系所决定的。

新经济地理理论关注劳动力的跨地区流动,认为劳动力从"边缘"地区向商品更多样化、工资水平更高和就业机会更多的"中心"地区集聚。基本假设是整个经济有两个地区:A和B,每个地区都包括城市和农村。经济中共生产两种产品——农产品和工业品,其中工业品又分为许多种类,工业品只在城市进行生产,每个工业品生产企业拥有相同的技术,但生产的产品都存在一定的差别,因此工业品的生产是一个垄断竞争的经济。农产品只在农村地区生产,所有的农产品都是同质的;另外,在这个经济中资本、商品是完全自由流动的,但劳动力由于存在迁移成本,只能不完全流动,也正因为劳动力不能完全自由流动,各个地区的工资水平可能存在差异,因此存在地区差距现象。区域间实际工资差异将促使劳动力跨区域流动,当区域间实际工资水平一致时实现均衡。从这个角度来看,收入改善的可能性(或预期收入)在很大程度上影响着人们的迁移决策。已有研究证实,由于人力资本外部性有利于个人获得更多的学习机会提升技能水平,人口密集度高的地区使得技能匹配更容易,因此人口密度更大、就业机会更多、工资水平更高、商品多样性更高以及平均教育程度更高的地区成为劳动力的主要流入地。

在新经济地理理论中,地区之间的差别和互动被视为影响经济发展和劳动力流动的关键因素。该理论认为,不同地区的经济和社会条件,如土地、资源、技术、人力资本、基础设施和市场规模等,会对劳动力流动产生影响。特别是具有相似经济和社会条件的地区,会形成所谓的“经济区域”,在这些区域内劳动力流动可能更加频繁和容易。此外,新经济地理理论也强调了地区之间的互动关系对劳动力流动的影响。例如,城市化和城市群的形成,可以带来更多的就业机会和更好的生活条件,从而吸引更多的劳动力流动到这些地区。同时,地区之间的贸易和投资,也可以促进劳动力流动,特别是跨国劳动力流动。

第二节　劳动力流动的文献综述

一、劳动力流动的测度

学者们对劳动力流动的测度的方法比较多,主要是基于宏观层面和微观层面进行的测度。

(一)宏观层面

宏观层面的数据较少涉及劳动力流动,更多的是人口流动。由于人口流动中劳动力占了绝大部分,同时考虑数据的可得性,很多学者采用人口的流动数据来作为劳动力流动的替代变量。主要使用净迁移率测度方法。

净迁移率是指一个地区在一定时间内迁入人口数与迁出人口数之差与该地区期末人口数的千分比,是最常用的衡量劳动力流动的指标之一。计算公式为

$$净迁移率=\frac{迁入人口数-迁出人口数}{该地区期末人口数}\times1\,000\%$$

研究人员根据 2000 年人口普查资料与 2005 年人口 1%抽样调查资料中的现住地与迁出地所给数据的横向加总,扣除本省的人口迁移数,分别得到各省的跨省迁入数;对每个省数据的纵向加总,分别得到各省的跨省迁出数;由此可以计算出各省的迁入率、迁出率和净迁出率。研究人员用人口流动比率来替代劳动力流动比例

$$劳动力流动比例=\frac{人户分离人口}{总人口数}\times100\%$$

采用人口增长率减去人口自然增长率得到人口的净迁移率,用人口净迁移率来作为劳动力净迁移率的替代变量。还有学者计算劳动力迁入率,计算方法为

$$劳动力迁入率=\frac{t\ 年调查时\ c\ 地级市的常住人口中外地户籍人数}{t\ 年调查时\ c\ 地级市的常住人口总数}$$

(二)微观层面

微观层面劳动力流动的测度主要采用公开的微观数据,利用调查问卷中的题项来进行测度。主要包括中国流动人口动态监测调查数据(China Migrants Dynamic Survey,CMDS)、"1%人口抽样调查数据"、中国流动人口动态监测调查(China Migrants Dynamic Survey,CMDS)、中国劳动力动态调查(China Labor-force Dynamics Survey,CLDS)、中国家庭追踪调查(China Family Panel Studies,CFPS)、中国综合社会调查(Chinese General Social Survey,CGSS)微观数据库。

二、劳动力流动的影响因素

最早对劳动力流动影响因素进行研究的是威廉·配第,他以比较利益的差异为出发点研究了农业劳动力向非农业劳动力迁移的内在动力。有学者则认为导致流动人口现象产生的根本原因是农业部门与工业部门的边际回报率不同,其主要是以城乡之间的流动为视角来进行研究的,并建立了经典的二元经济模型,在该模型中,工业部门的劳动生产率高于农业部门,导致了两部门劳动者工资收入的差异从而促使了劳动力流动的发生。劳动力流动作为劳动经济学经典主题,学者们对于城乡劳动力流动和区域劳动力流动进行了相关研究,基于相关理论从不同层面和视角考察了影响劳动力流动的具体因素。

（一）宏观层面

梳理现有文献发现,影响劳动力流动的宏观因素包括制度层面因素、经济层面因素以及城市特征因素。制度层面具体包括农村土地流转制度、户籍制度以及医保制度等;经济层面包括经济发展水平、城乡收入差距等因素;城市特征则包括了就业机会、工资水平、医疗条件、教育水平、城市环境、方言距离、高铁开通、城市环境等方面。文献梳理具体如下。

1. 制度层面

(1)农村土地流转制度影响劳动力的流动,有学者认为农村土地流转并不会促进农村劳动力的转移,农村土地承包经营权期限的不稳定、产权制度的不健全、流转租金低等都阻碍了农村劳动力的转移,也有学者从土地产权和土地流转市场两方面出发研究劳动力流动,认为农村土地流转对劳动力流动的影响显著。

(2)户籍制度是控制人口城乡迁移的重要手段,户籍制度阻碍了劳动力流动,导致了严重的城乡分割。户籍制度改革和土地产权制度改革必须同步进行,将土地租金带入城市更有利于农民的市民化。户籍改革将导致农村劳动力与企业家的比例以及农村劳动力迁移成本下降,从而影响地区经济发展。

(3)医保制度在一定程度上也限制了劳动力的跨区域流动。学者运用微观数据,采用 Probit 模型实证研究发现新型农村合作医疗的非携带特征不利于劳动力的大范围自由流动。以城乡居民医保统筹为准,自然实验采用双重差分法(DID)实证研究发现,医疗保险便携程度的提升对农村劳动力在本市范围内的流动具有显著的激励效果,而对跨市流动产生的促进作用并不明显,甚至显著抑制了跨省流动。

2. 经济层面

劳动力的流动过程与经济发展密切相关。在新古典经济学的理论框架中,城乡收入差距一直在劳动力迁移决策中占据中心地位。美国经济学家托达罗在1970年发表了农村劳动力向城市迁移决策和就业概率劳动力流动行为模型,假定农业劳动者迁入城市的动机主要在于城乡预期收入差异,差异越大,流入城市的人口越多。通过对甘肃省10个贫困村的调查资料的分析,间接证明了城乡收入差距是直接影响农村劳动力向城市流动的最根本因素。经济增长通过扩大城乡收入差距促进了劳动力的流动。一方面,因为资本具有追逐劳动力的性质,随着劳动力的转移,资本向劳动力多的地方聚集,从而使城乡之间的收入非但不缩小反而增加;另一方面,由于第三产业的快速发展对收入差距也产生了一定的影响。实证研究也发现最低工资标准对低收入群体流动具有显著的正向影响,低收入群体倾向于流向最低工资标准设定较高的城市。

3.城市特征

近年来,研究人员从城市特征广泛探讨劳动力流入地的"拉力"作用,主要可以分为城市经济因素与城市非经济因素。在城市经济因素方面,研究人员在新地理经济模型提出的就业机会更多、商品更多样化、工资水平更高的地域会吸引人口流入的观点基础上展开研究,通过具有内生选择的转换模型,发现预期城市收入水平与城乡收入差距是影响劳动力流动决策的相当重要因素。通过匹配我国劳动力动态调查数据和250个地市级房价数据发现,房价对劳动力流动会产生先吸引后抑制的"倒 U 形"影响。研究人员指出,高铁可达性通过改变城市在更大空间上的区位条件,使区位条件更好的城市获得更多经济收入和福利,进而拉动劳动力的流入。距离、方言对劳动力流动呈现出先促进后抑制劳动力流动的"倒 U 形"模式。基于百度迁徙大数据构造流动机会比率,基于引力模型和普通最小二乘法的研究表明地理距离和方言距离阻碍劳动力流动。同时,研究人员也关注到了经济因素以外的其他力量,发现劳动力流动决策受到城市基础教育和综合医疗等公共服务水平的影响,尤其是长期流动的劳动力更倾向于流向公共服务较好的城市。从微观个体流动决策角度验证了城市生态文明建设对吸引劳动力流动具有显著正向作用。基于大数据发现,城市服务多样性能够显著降低劳动力迁出意愿,更高的人文舒适度和自然舒适度是城市吸引劳动力流入的重要因素。

(二)微观层面

1.个体因素

个体因素也在劳动力流动决策中发挥其作用,如年龄、受教育程度、人力资源水平、就业观念、婚姻状况以及子女数量等。研究人员基于人力资源流动的净现值模型进行分析和扩展,发现相对低教育水平劳动力而言,高教育水平劳动力在流入地定居的意愿更强。婚姻状况会降低劳动力迁移意愿,因为需要与其他家庭成员暂时分离,面临着更高的心理成本,如果要全家迁移,还需考虑配偶的工作问题和子女的读书问题。

2.家庭因素

新劳动力流动经济学理论将劳动力流动视为家庭风险分担行为。1985 年斯塔克最早提出劳动者在决定迁移时不仅会考虑个人,还会考虑整个家庭的因素。家庭作为一个整体,可以将家庭的劳动力配置在不同产业或地区,在所有家庭成员之间进行风险分散,从而使整个家庭收入的风险最小化。研究表明,人口、劳力和耕地规模都对劳动力的外出决策有正向影响,家庭上学子女数对其成员外出决策有反向影响,家庭富裕程度、户主文化程度对劳动力外出决策有着明显的"倒 U 形"影响。家庭社会网络对劳动力省内流动具有负向影响,而对劳动力跨省流动具有正向影响。

第三节　文献评述

劳动力流动是一个复杂的现象,涉及经济、社会、政治等多个方面,因此相关的研究文献也非常丰富。目前劳动力流动相关文献研究主要分为以下四个类别。

1. 理论分析类研究

理论分析类研究主要是通过理论模型和经济学分析,探讨劳动力流动的原因、机制和影响因素等。例如,推拉理论和成本-收益理论等。

2. 经验分析类研究

经验分析类研究主要是通过数据统计和实证分析,探讨劳动力流动的实际情况和影响因素。例如,对某一地区、行业或人群的调查研究、跨国比较研究等。

3. 政策类研究

政策类研究主要是针对劳动力流动相关的政策和制度进行研究,探讨它们对劳动力流动的影响和效果。例如,对就业、社保、税收等政策的分析研究。

4. 交叉学科类研究

交叉学科类研究主要是将经济学、社会学、地理学、心理学等学科相结合,探讨劳动力流动的多方面问题及其复杂性。例如,对移民和难民问题的跨学科研究、对城市化和区域发展的综合分析等。

以上这些类别并不是完全独立的,它们之间存在着交叉和融合。

目前,在关于劳动力流动的研究中使用的研究方法非常多样,包括实证研究、案例研究、文献综述等。不同的方法可以从不同的角度探讨劳动力流动问题,丰富了人们对该问题的认识。同时,劳动力流动的研究内容也非常丰富,包括劳动力流动的影响因素、劳动力流动的测度方法、劳动力流动对经济和社会的影响等。这些研究内容为我们深入理解劳动力流动问题提供了基础。由于劳动力流动在不同地区的表现和影响因素存在差异,因此相关研究文献也存在地域差异性。例如,东北地区的劳动力流动问题与其他地区存在巨大差异,未来仍然需要更加具体地探讨。

总体而言,劳动力流动相关的研究文献对我们深入理解该问题非常有帮助,但对于存在地区差异性的情况仍需进一步加强相关理论研究,深入探讨背后的机制和规律。

第四节　本章小结

本章选择了二元经济理论、推拉理论、成本-收益理论和新经济地理理论作为研究的理论基础。其中二元经济理论、推拉理论是宏观层面的劳动力流动理论,可以从宏观层面解释东北地区劳动力外流的原因,尤其是劳动力跨区域流动的现象。成本-收益理论和新经济地理理论是微观层面的劳动力流动理论,体现的是劳动力个体在进行跨区域流动决策时需要考虑的因素。这些理论为研究东北地区劳动力外流问题提供了很好的理论支撑。

本章还针对影响劳动力流动的国内外研究进行了综述,根据以往学者的研究,从宏观层面和微观层面对国内外学者的研究进行了梳理。宏观层面主要从制度方面(土地制度、户籍制度、医保制度)、经济方面、城市方面进行文献梳理,微观层面主要从个体因素和家庭因素进行分析,经文献梳理后发现不同地区、不同群体劳动力流动呈现不同的趋势和特点,而东北地区劳动力流动具有显著特点,需要进行深入探讨。

第三章 我国人口流动的规模和趋势

第一节 我国人口变化的总体趋势

一、人口数量的变化情况

第七次全国人口普查结果显示,我国人口共 141 178 万,是世界人口第一大国。与 2010 年第六次全国人口普查数据的 133 972 万人相比,增加了 7 206 万人,增长 5.38%,年平均增长率为 0.53%,比 2000—2010 年的年平均增长率 0.57%下降 0.04%,我国人口保持低速增长态势,2005—2020 年人口增长速度如图 3-1 所示。2020 年我国育龄妇女生育率总和为 1.3%,处于较低水平,我国各年龄段育龄妇女生育率具体如图 3-2 所示。国际的警戒线约在 1.5%,一旦降至 1.5%以下,就有跌入"低生育率陷阱"的可能。这主要受到育龄妇女数量持续减少和"二孩效应"逐步减弱的影响,生育率偏低也是我国人口低速增长的主要原因之一。

二、人口质量的变化情况

从人口质量上看,人口受教育水平明显提高,素质不断提升。15 岁及以上人口的平均受教育年限从 2010 年的 9.08 年提高至 9.91 年。16~59 岁劳动年龄人口平均受教育年限从 2010 年的 9.67 年提高至 10.75 年,文盲率从 2010 年的 4.08%下降为 2.67%,高中、专科学历以上人口占比显著提高。2010—2020 年我国人口受教育水平变化情况如图 3-3 所示,其中深色为 2020 年数据,浅色为 2010 年数据。

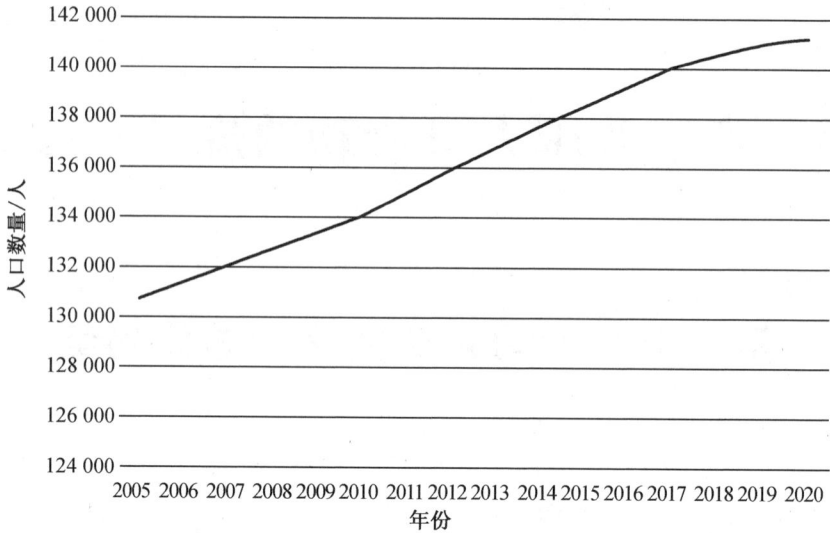

图 3-1　2005—2020 年我国人口增长速度

（数据来源：第七次全国人口普查数据）

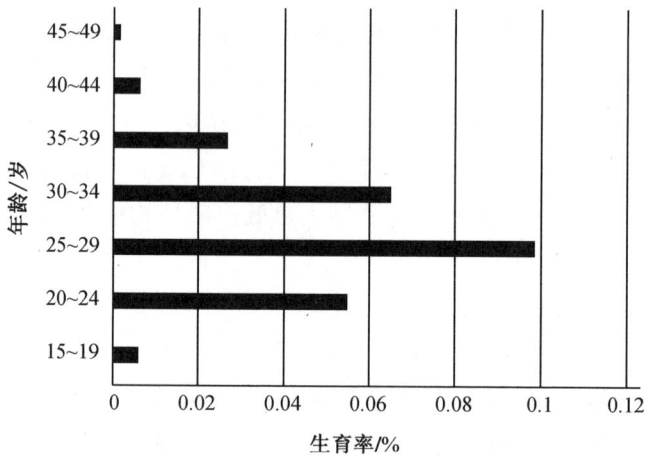

图 3-2　2020 年我国各年龄段育龄妇女生育率

（数据来源：第七次全国人口普查数据）

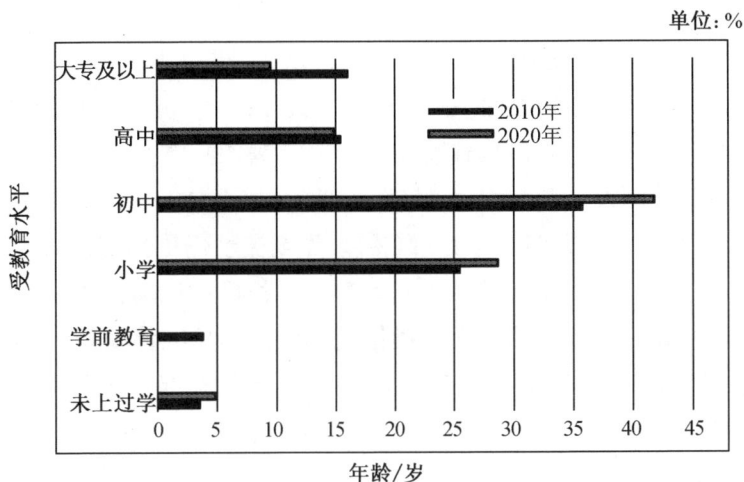

图 3-3　2010—2020 年我国人口受教育水平变化情况

（数据来源：第六次全国人口普查数据、第七次全国人口普查数据）

第二节　我国人口流动的规模和流向

一、我国人口流动的规模

我国是世界上人口最多的国家之一，同时也是一个庞大的劳动力大国。近年来，劳动力流动的规模逐渐扩大，趋势逐渐多元化，包括城市和农村、东部和西部、内地和沿海地区之间的劳动力流动。第七次全国人口普查数据显示，2020 年我国人户分离人口达到 49 276 万人，约占总人口的 35%。其中，市辖区内人户分离人口为 11 694 万人，流动人口为 37 581 万人，与 2010 年第六次全国人口普查相比增长了将近 70%。在流动人口中，跨省流动人口为 12 484 万人，省内流动人口为 25 098 万人。与 2010 年第六次全国人口普查相比，人户分离人口增加 23 138 万人，增长 88.52%；市辖区内人户分离人口增加 7 699 万人，增长 192.66%；流动人口增加 15 439 万人,增长 69.73%①。城市之间流动的人口规模显著提升,人户分离也正成为常态。区域内部人口流动增速明显提升,甚至高于跨区域流动。

在全国人口中,居住在城镇的人口为 901 991 162 人,占 63.89%。2020 年我国户籍人口城镇化率为 45.4%;居住在乡村的人口为 509 787 562 人,占 36.11%。与 2010 年第六次全国人口普查相比,城镇人口增加 236 415 856 人,乡村人口减少 164 361 984 人,城镇人口比重上升 14.21%②。城乡流动仍是我国人口流动的主要形式,城市化进程对劳动力流动规模的扩大起到了积极的推动作用。在农业生产资料相对有限的情况下,农业部门无法提供更多就业岗位。伴随着农业规模化经营与机械化生产的推进,农业剩余劳动力面临着向非农部门的转移,继而涌入城镇。

二、我国人口流动的方向

我国劳动力流动的规模非常庞大,近年来随着城市化进程的加速和就业机会的增加,劳动力流动的规模不断扩大,人口流向主要是经济发展较好的地区。近年来,人口流动有两大方向:一是中部、西北、东北等地的人口向东南沿海集聚;二是在各省域内部,中小城市、农村人口向中心城市流动。

人口持续向沿江、沿海地区和内地城区集聚,长三角、珠三角、成渝城市群等主要城市群的人口增长迅速。主要城市群人口集聚度加大,粤港澳大湾区城市群、长江三角洲城市群和成渝城市群人口增长迅速,分别增长了 35.0%、12.0% 和 7.3%。

在跨省流动中,第一经济大省——广东省 2010—2020 年新增跨省流入人口 812.43 万人,跨省流入总人口接近 3 000 万人,居全国第一。浙江省 2010—2020 年跨省流入人口数量位居第二。浙江省统计局发布的数据显示,2021 年年末,全省常住人口比上年末净增 72 万人,其中机械增长(指由于人口迁移所形成的变化量)65.5 万人,即当年常住人口增量中,91% 来自省外人口的净流入。第七次全国人口普查数据显示,浙江省每 5 个常住人口中就有 2 个流动人口,其中从省外流入的常住人口达 1 618.6 万人,占总人口的 25.1%。这些流入人口中,16~59 岁劳动年龄人口为 1 411.4 万人,占总量的 87.2%。浙江省省外流入人口的迁移原因主

---

① 数据来源:国家统计局。
② 数据来源:第七次全国人口普查数据。

要是工作就业,占总量的82.2%。

在城市间的流动中,大城市的人口流动规模较大,如北京市、上海市、广州市、深圳市等一线城市,这些城市是劳动力流动的热门目的地。同时,各省省内人口进一步向省会集聚。2010—2020年我国千万人口级别的省会城市已从4个扩容至9个,分别为成都市、广州市、西安市、郑州市、武汉市、杭州市、石家庄市、长沙市、哈尔滨市。2008年以后,土地、劳动力等综合成本上升,沿海产业加速向中西部转移,中西部就近就业人数继续增加。在这个过程中,不少人离开沿海回到内陆地区,他们往往会选择所在省份的省会、区域中心城市等家乡附近的城市。武汉市、成都市、重庆市、郑州市、长沙市、合肥市、西安市等中西部中心城市、强省会加快崛起,成为人口流入的重点。

我国常住人口城镇化率从60.2%提高到65.2%,常住人口城镇化率首次突破65%。农业户籍人口流动到城镇地区是中国人口流动最显著的特征。2000年、2010年、2020年,从农村达到城镇的人口流动占总流动人口的52.2%、63.2%、66.3%。

随着经济发展和城市化进程的加速,我国人口流动规模不断扩大,形成了以外出务工、城市化为主要特征的流动人口群体。这些人口通常来自农村地区,涉及工业、建筑、服务业等多个领域,其中绝大部分为劳动力。

同时,随着社会保障和教育等政策的改善,一些人口流动也开始向中高端领域转移,流动形态也更加多样化。然而,由于户籍限制等多种原因,流动人口仍然面临如就业、教育、医疗等方面的挑战。

第三节 本章小结

人口数量的变化是劳动力数量变化的基础,本章从我国人口数量和质量变化的角度切入,具体分析我国人口流动的规模和流向,为后文分析劳动力区域间流动,尤其是东北地区劳动力外流问题提供基础。

近年来,我国人口保持低速增长趋势,生育率偏低是我国人口低速增长的主要原因。我国人口数量虽然增长缓慢,但随着经济发展,人口受教育水平明显提高,人口质量不断提升。我国城市之间流动人口的规模显著上升,人户分离也是常态,这与放松户籍制度、交通基础设施迅速发展等因素相关。目前我国人口流动的方向主要有三个方面：

(1)从农村、中小城镇向中心城市流动；

(2)东北、西北地区人口向东南沿海地区集聚；

(3)经济欠发达地区向经济发达地区流动。同时,人口流动特点也在不断发生变化。

第四章　东北地区劳动力流动现状分析

第一节　东北地区劳动力流动的历史变迁

一、我国劳动力流动的历史变迁

自中华人民共和国成立以来,国家对不同时期的劳动力流动政策都有所不同,因此,可将中华人民共和国成立至今的我国劳动力流动大致划分为以下四个阶段。

(一)第一阶段,1949—1978 年为劳动力流动的严格限制阶段

自中华人民共和国成立以来到改革开放前,我国正处于计划经济体制时期,国家对劳动力流动推行的是严格限制的政策,人口流动主要是以适应计划经济体制下政府主导的计划迁移为主。其中,1949—1957 年,由于边境省份的开垦和工业建设的需要,政府引导了大量的农村劳动力向城市迁移以满足城市工业建设的需要,并且政府推行的是自主迁移的政策,允许农村与城市之间的劳动力自由迁移,这时的劳动力流动主要是以自由迁移为主。1958—1978 年,由于之前大量农村劳动力向城市迁移,再加上城市劳动适龄人口逐渐增加,城市就业所需人员已经逐渐达到饱和,城市相应配套设施已经无法满足更多的进城务工的农村劳动力的需求。因此,政府出台了一系列限制人口流动的户籍制度,以法律的形式严格限制劳动力的流动。尤其到了 1969 年,我国的劳动力流动人口约有 500 万人,是中华人民共和国成立以来流动人口的最低水平。

（二）第二阶段,1980年以后的允许迁移阶段

自党的十一届三中全会召开以来,我国的乡镇企业得到了快速发展,城市和农村的经济体制不断改革,户籍管理制度有所松动,从1984年开始,政府开始允许农村劳动力自备粮食和资金进入城市务工经商,这一政策促进了大量的农村劳动力开始向城市转移,我国的劳动力流动人口规模出现了改革开放以来的第一次流动高潮,流动人口的规模在1990年达到了2 135万人。农民工进城务工政策的放松和城乡分割户籍制度的松动促进了劳动力的大规模迁移,标志着劳动力流动进入了允许迁移的新阶段。

（三）第三阶段,1990年以后的积极帮扶流动阶段

随着市场经济体制的逐步建立,国家对人口迁移的政策逐渐由消极限制向积极帮扶流动转变。2003年政府出台了关于取消对农民进城就业的限制性规定,为农民提供较多的就业机会。2004年中央一号文件也明确强调要加快农村劳动力转移的步伐。这些举措都表明了政府对人口迁移的政策已经由原来的消极限制向积极帮助农村劳动力转移的转变。自1990年以来,随着我国经济的快速发展,城市化进程的加快以及东部率先发展战略的实施,大量的劳动力开始从农村流向城市、从中西部落后地区流向东部发达地区,并且流动人口的规模逐渐扩大。到了2000年,我国的劳动力流动人口已经达到了1.44亿人。

（四）第四阶段,劳动力回流阶段

在2003年以前,随着农村劳动力向城市的大量转移,城市就业压力进一步增大,农村剩余劳动力数量的逐渐增多,农民工在城市的就业工资增长幅度很有限,大多数农村劳动力被动地选择了回到农村,农村劳动力因为失业而选择了回流。但在2003年以后,国家出台的关于农业支持和农业优惠的相关政策吸引了较多的流动劳动力回到原居住地,形成了劳动力的回流。2007年全球金融危机爆发以后,我国的经济发展也受到了严重的影响,就业形势更加严峻,越来越多的农村劳动力因为失业而找不到工作,大多数劳动力在这时都选择了回流。因此,劳动力的回流现象在经济危机的背景下表现得越来越明显。

二、东北地区劳动力流动的历史变迁

东北地区劳动力流动的历史变迁可以分为以下四个阶段。

1.1950 年至 1970 年初

东北地区的劳动力流动主要受到计划经济体制的影响。我国实行了一系列的人口控制和计划化管理政策,东北地区的劳动力主要流向国家重点工业企业和农村集体经济组织。这个时期,东北地区的劳动力流动比较稳定,但由于计划经济体制的限制,劳动力流动也比较局限。

2.1970 年中至 1980 年末

随着经济体制改革的开展,东北地区的劳动力流动开始出现变化。城市化进程加速,东北地区的大量农村劳动力涌入城市。同时,由于市场经济的发展,一些国有企业和城市集体企业开始进行裁员和转岗调整,导致部分劳动力被迫流动或失业。

3.1990 年至 2000 年初

1990 年至 2000 年初这一阶段东北地区的劳动力流动进入高峰期。随着国有企业改制和重组,大量的劳动力失业,城市集体企业也开始出现经营困难和裁员现象。这个时期,东北地区的劳动力流出量远远超过了流入量,主要流向东南沿海和发达地区。

4.2000 年中至今

随着东北地区经济的逐步复苏和政策的调整,东北地区的劳动力流动呈现出新的特点。一方面,由于东北地区经济的转型升级和发展战略的调整,新兴产业和就业机会出现,吸引了外来劳动力流入;另一方面,由于城镇化进程加速和人口老龄化问题,东北地区的部分农村劳动力也开始向城市转移。

总体来说,东北地区的劳动力流动经历了从计划经济时期到市场经济时期的转变,劳动力流动的方向和规模也随着时代和政策的变化而变化。近年来,东北地区政府和企业正在积极推进产业转型升级和人才引进计划,希望能够吸引更多优秀的劳动力留在东北地区发展。

第二节　东北地区劳动力基本情况分析

根据第七次全国人口普查结果以及中央财经大学中国人力资本与劳动经济研

究中心发布的《中国人力资本指数报告 2021》数据,本书分析了我国劳动力的数量、年龄、受教育程度以及人力资本情况。重点分析黑龙江省、吉林省、辽宁省三个省份劳动力的基本情况。

一、劳动力数量

第七次全国人口普查结果显示,2020 年我国 16~59 岁劳动年龄人口为 8.8 亿人,劳动力数量为 7.8 亿人,当前劳动力资源仍然较为充沛,但是劳动力数量在全国范围内呈逐年下降趋势(图 4-1)。

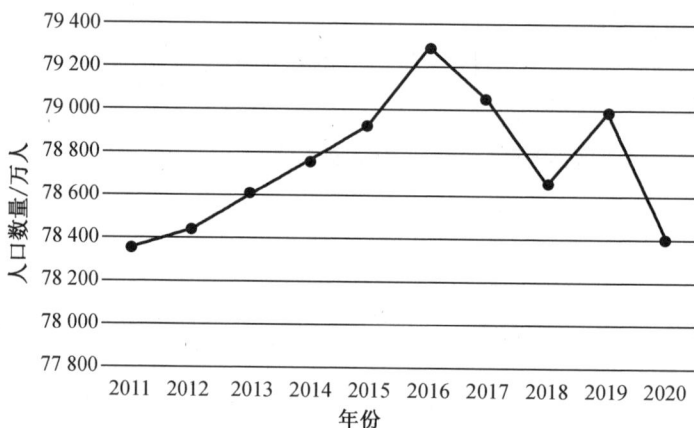

图 4-1 2011—2020 年我国劳动力数量变化情况

(数据来源:第七次全国人口普查数据)

从普查结果看,与 2010 年相比,0~14 岁、15~59 岁、60 岁及以上人口的比重分别上升 1.35%、下降 6.79%、上升 5.44%。我国劳动力人口出现明显下降,老年人口比例明显增加,具体如图 4-2 所示。我国 60 岁及以上人口超过 2.6 亿人,占比达 18.75%,老龄化进程加快,劳动年龄人口逐年缓慢减少,这一变化尤为值得关注。

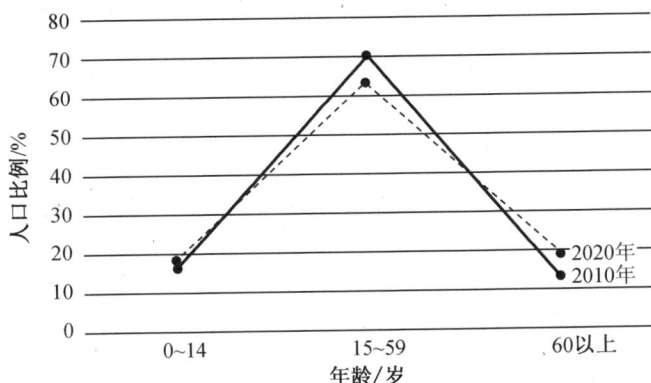

图 4-2　我国人口年龄结构 2010 年和 2020 年对比图

(数据来源:第六次全国人口普查数据、第七次全国人口普查数据)

从表 4-1 中可以看出东北地区人口老年人口占比偏高,儿童占比偏低,劳动力数量相对不足。

表 4-1　2020 年东北地区人口年龄构成

人口年龄情况	辽宁省	吉林省	黑龙江省
人口数/人	42 591 407	24 073 453	31 850 088
0~14 岁/人	4 737 939	2 818 723	3 286 466
占比/%	11.12	11.71	10.32
15~64 岁/人	30 435 987	17 497 506	23 590 754
占比/%	71.46	72.68	74.07
65 岁以上/人	7 417 481	3 757 224	4 972 868
占比/%	17.42	15.61	15.61
少儿抚养比/%	15.57	16.11	13.93
老人抚养比/%	24.37	21.47	21.08

数据来源:《2021 年中国人口和就业统计年鉴》。

二、劳动力平均年龄

第七次全国人口普查结果显示全国劳动人口平均年龄(图 4-3)为 38.8 岁,2005—2019 年劳动力平均年龄呈逐年增加趋势。

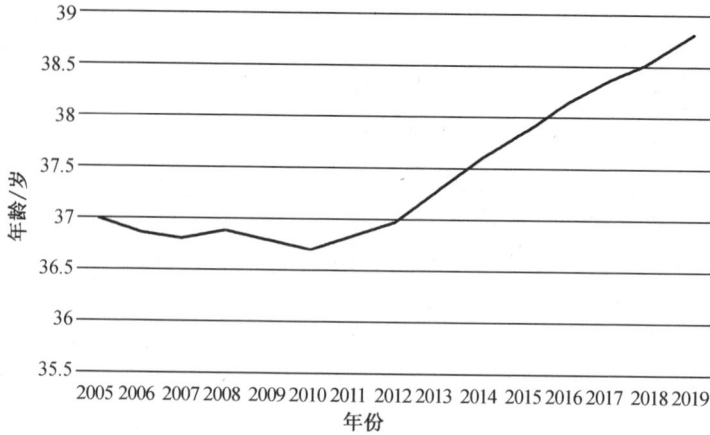

图 4-3　全国劳动力人口平均年龄

(数据来源:《中国人力资本指数报告 2021》)

　　全国各省(自治区/直辖市)劳动力人口平均年龄(图 4-4)分布从 34~41 岁,其中黑龙江省、辽宁省、吉林省的劳动力人口的平均年龄最大,在全国各省(自治区/直辖市)中排名前三位,总劳动力人口平均年龄分别是 40.47 岁、40.30 岁、40.15 岁,其中城镇劳动力人口平均年龄为 40.36 岁、40.25 岁、39.99 岁,农村劳动力人口平均年龄为 40.64 岁、40.39 岁、40.38 岁,相比全国劳动力平均年龄 38.8 岁多近 2 岁。

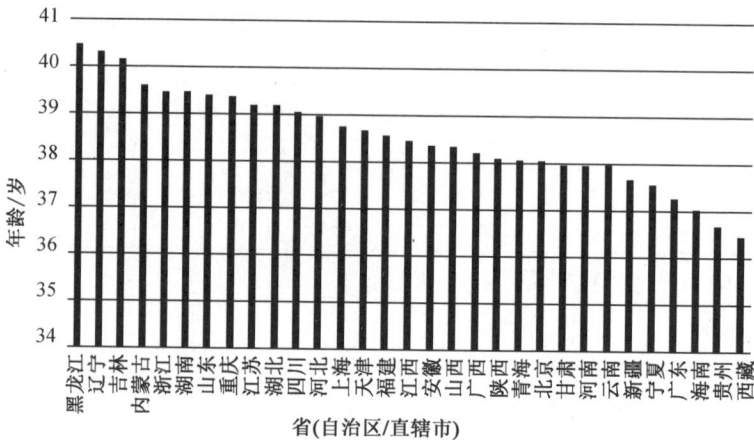

图 4-4　全国各省(自治区/直辖市)劳动力人口平均年龄

(数据来源:《中国人力资本指数报告 2021》)

三、劳动力受教育程度

全国人口受教育程度如图 4-5 所示。其中,未上过学人口占总人口 1.31%,学前教育占比 0.06%,小学占比为 16.30%,初中占比 42.64%,高中占比为 16.87%,大学专科占比为 11.61%,大学本科占比为 9.96%,硕士研究生占比为 1.11%,博士研究生占比为 0.14%。(东北地区)人口受教育水平具体见表 4-2。

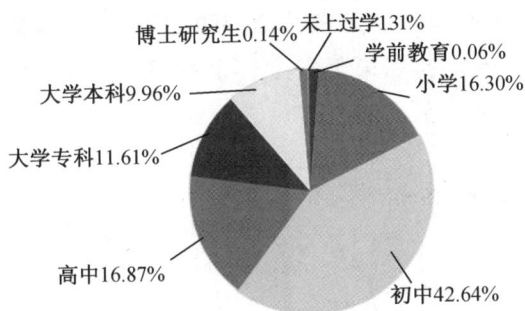

图 4-5　全国人口受教育程度

(数据来源:《2021 年中国人口和就业统计年鉴》)

表 4-2　东北地区人口的受教育水平

受教育程度	辽宁省	吉林省	黑龙江省	全国平均值
未上过学	0.28%	0.53%	0.47%	1.31%
学前教育	0.01%	0.02%	0.03%	0.06%
小学	12.01%	17.34%	15.15%	16.30%
初中	46.21%	42.04%	46.30%	42.64%
高中	14.27%	15.61%	15.76%	16.87%
大学专科	12.62%	10.77%	11.01%	11.61%
大学本科	13.14%	12.32%	10.37%	9.96%
硕士研究生	1.32%	1.20%	0.79%	1.11%
博士研究生	0.14%	0.17%	0.12%	0.14%

数据来源:《2021 年中国人口和就业统计年鉴》。

根据《中国人力资本指数报告 2021》,各省劳动力人口平均受教育年限在 7.35~13.08,均值为 10.53,其中辽宁省总劳动力人口平均受教育年限为 11.07 年,在全国排名第 5;吉林省总劳动力人口平均受教育年限为 10.58 年,在全国排名第 14;黑龙江省总劳动力人口平均受教育年限为 10.42 年,在全国排名第 18。在总劳动人口高中以上接受教育程度人口占比统计中,全国各省高中以上接受教育程度人口占比为 73.12%~21.39%,均值为 41.57%,其中辽宁省为 44.7%,排名第 10;吉林省为 39.46%,排名第 18;黑龙江省为 36.38%,排名第 26。在总劳动人口大专以上接受教育程度人口占比统计中,全国各省大专以上接受教育程度人口占比为 54.27%~13.08%,均值为 20.63%,其中辽宁省为 26.58%,排名第 4;吉林省为 21.34%,排名第 11;黑龙江省为 19.26%,排名第 17。总体上看,东北地区劳动人口受教育水平在全国范围处于中等偏上位置。

四、劳动力人力资本分析

(一)人力资本存量

根据《中国人力资本指数报告 2021》,我国人力资本总量由 2005 年的 158 748(十亿元)增长至 2019 年的 529 800(十亿元),每一年度稳步提升,在 15 年中增长至 3 倍多。其中,2019 年我国男性人力资本存量达到 359 018(十亿元),女性达到 170 782(十亿元);城镇人力资本存量达到 458 951(十亿元),农村人力资本存量达到 70 849(十亿元),具体见表 4-3。

表 4-3　我国人力资本存量表

年份	全国	男性	女性	城镇	农村
2005	158 748	101 183	57 565	110 599	48 149
2006	180 895	115 915	64 981	127 903	52 992
2007	197 864	126 721	71 143	142 577	55 287
2008	211 958	135 640	76 318	155 021	56 937
2009	242 521	155 368	87 153	179 570	62 951
2010	264 213	169 251	94 963	197 947	66 266

表4-3(续)

年份	全国	男性	女性	城镇	农村
2011	286 902	184 045	102 857	222 801	64 101
2012	315 699	203 015	112 684	251 636	64 063
2013	352 809	227 979	124 830	289 106	63 703
2014	382 348	249 239	133 109	317 632	64 716
2015	408 469	269 318	139 152	341 550	66 919
2016	439 860	291 109	148 751	371 950	67 910
2017	473 597	315 523	158 074	403 843	69 754
2018	504 198	338 758	165 440	433 353	70 845
2019	529 800	359 018	170 782	458 951	70 849

数据来源:《中国人力资本指数报告2021》。

从表4-3中的数据能够看到我国人力资本存量不断稳步提升,男性人力资本存量高于女性人力资本存量,城镇人力资本存量高于农村人力资本存量。城乡间人力资本存量发展不均衡,且呈不断扩大趋势。我国2005—2019年人力资本存量变化趋势具体如图4-6所示。

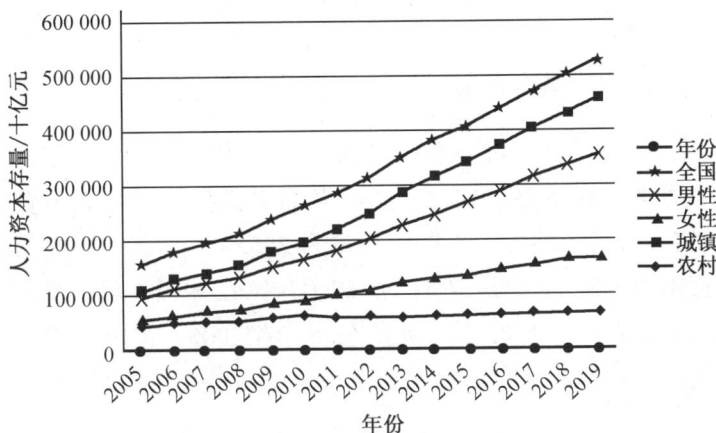

图4-6 2005—2019年我国人力资本存量变化情况

(数据来源:《中国人力资本指数报告2021》)

（二）劳动力人力资本存量

由于本书主要研究劳动力问题，所以针对劳动力人力资本进行详细描述。《中国人力资本指数报告 2021》测算结果显示，全国名义劳动力人力资本和实际劳动力人力资本也保持逐年增长，2019 年名义劳动力人力资本存量为 1 067 005（十亿元），实际劳动力人力资本存量达到 204 160（十亿元）。2005—2019 年我国劳动力人力资本存量变化情况如图 4-7 所示。

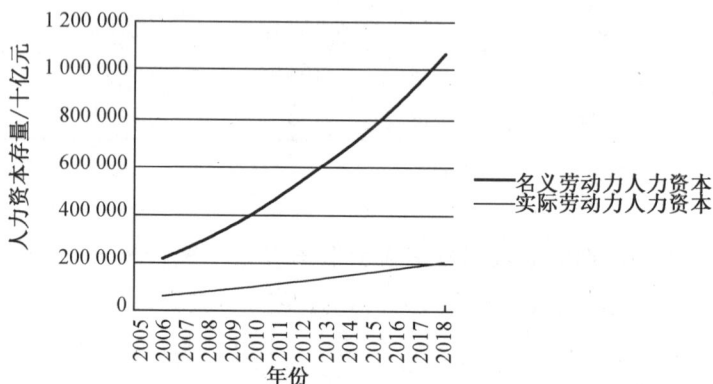

图 4-7　2005—2019 年我国劳动力人力资本存量变化情况

（数据来源：《中国人力资本指数报告 2021》）

（三）人均劳动力人力资本存量

《中国人力资本指数报告 2021》显示，我国名义人均劳动力人力资本存量和实际人均劳动力人力资本存量逐年增加。2019 年名义人均劳动力人力资本存量为 1 334.33 千元，实际人均劳动力人力资本存量为 255.31 千元。其中，男性实际人均劳动力人力资本为 329.11 千元，女性为 168.04 千元；城镇实际人均劳动力人力资本为 377.54 千元，农村为 128.12 千元。东北三省 2005—2019 年名义人均劳动力人力资本和实际人均劳动力人力资本变化情况如图 4-8 和图 4-9 所示。

（四）东北三省劳动力人力资本存量

1.辽宁省

根据《中国人力资本指数报告 2021》，2019 年辽宁省名义总人力资本为 71 826

（十亿元），实际总人力资本为 13 527（十亿元）；名义人均人力资本 2 291.75 千元，实际人均人力资本 431.59 千元；名义劳动力人力资本 29 256（十亿元），实际劳动力人力资本 5 557（十亿元）；名义人均劳动力人力资本 1 190.07 千元，实际人均劳动力人力资本 226.03 千元。

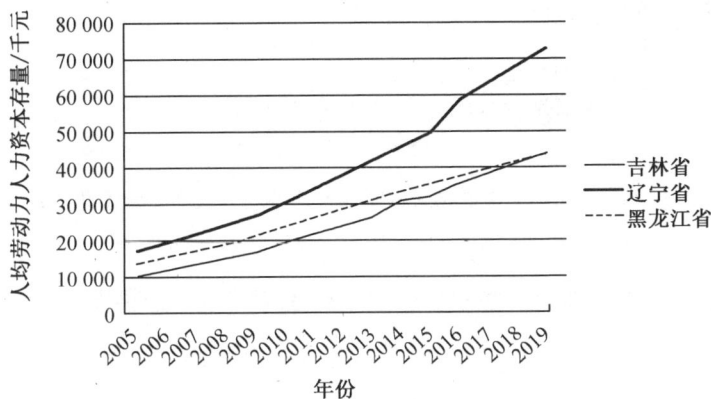

图 4-8　2005—2019 年东北三省名义人均劳动力人力资本变化情况

（数据来源：《中国人力资本指数报告 2021》）

2. 吉林省

根据《中国人力资本指数报告 2021》，吉林省名义总人力资本为 43 657（十亿元），实际总人力资本为 8 534（十亿元）；名义人均人力资本 2 142.42 千元，实际人均人力资本 418.79 千元；名义劳动力人力资本 12 189（十亿元），实际劳动力人力资本 2 627（十亿元）；名义人均劳动力人力资本 1 090.97 千元，实际人均劳动力人力资本 215.38 千元。

3. 黑龙江省

根据《中国人力资本指数报告 2021》，黑龙江省名义总人力资本为 43 340（十亿元），实际总人力资本为 8 270（十亿元）；名义人均人力资本 1 595.10 千元，实际人均人力资本 304.38 千元；名义劳动力人力资本 22 823（十亿元），实际劳动力人力资本 4 373（十亿元）；名义人均劳动力人力资本 1 014.24 千元，实际人均劳动力人力资本 194.32 千元。

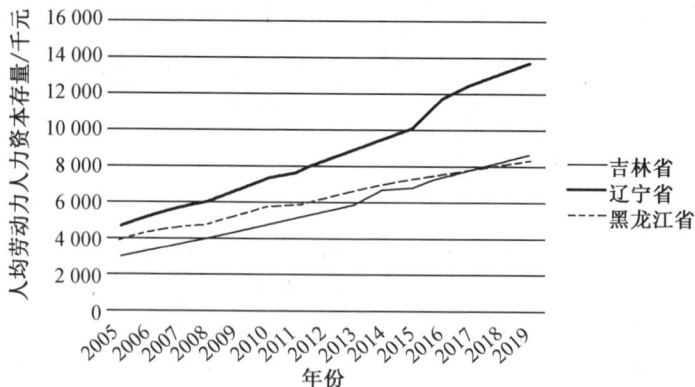

图 4-9　2005—2019 年东北三省实际人均劳动力人力资本变化情况

（数据来源:《中国人力资本指数报告 2021》）

由以上分析结果可知,东北三省劳动力人力资本测算结果在全国范围内处于中下水平。

第三节　劳动力流动的测度

一、数据说明

本研究主要考察东北地区劳动外流的影响因素,因此,劳动力流动是重要变量。本研究的劳动力流动属于宏观层面的劳动力区域间的流动,测度所使用的基础数据为宏观数据。数据来源为 2005—2020 年《中国统计年鉴》《中国城市统计年鉴》数据。研究样本包括两类:一是 2005—2020 年全国 31 个省(自治区/直辖市);二是 2005—2020 年东北三省 34 个城市,其中黑龙江省包括哈尔滨市、齐齐哈尔市、牡丹江市、大庆市、佳木斯市、黑河市、鹤岗市、鸡西市、绥化市、双鸭山市、伊春市、七台河市共 12 个地级市;吉林省包括长春市、吉林市、四平市、松原市、白城市、白山市、辽源市、通化市共 8 个地级市;辽宁省包括沈阳市、丹东市、大连市、抚顺市、朝阳市、本溪市、盘锦市、营口市、葫芦岛市、辽阳市、铁岭市、锦州市、阜新市、鞍山市共 14 个地级市。

二、劳动力流动的测算方法

基于已有文献,借鉴郝凤霞等的研究测度劳动力流动,基于各省市常住人口数据估算劳动力净流入率,并假定流动人口中的90%是适龄劳动力。

当年劳动力的净流入率=〔(当年该地区常住人口数量−上一年该地区常住人口数量−上一年该地区人口自然增长数)×90%〕/ 上一年该地区常住人口数量

其中劳动力的净流入率大于0,该地区为劳动力流入地,劳动力的净流入率小于0,则该地区为劳动力流出地。数据测算中,部分地级市常住人口数据缺失。由于国家统计局要求,从2004年1月1日起,各地区要统一用常住人口计算人均地区生产总值,所以采用地区生产总值与人均生产总值计算得到。数据主要来源于城市统计年鉴。

这个测度方法在一定程度上解决了由人口流动数据替代劳动力流动数据进行分析,同时也能够测度多个连续年份的劳动力流动数据,不仅限于人口普查年度,还能够更好地发现劳动力流动的变化趋势。

三、我国各省份劳动力流动测算结果

根据以上测度方法,测度2006—2020年全国各地劳动力流入率。2006年劳动力的主要流入地为北京市、天津市、上海市、浙江省等经济发达的东部沿海地区,最高的劳动力净流入率为26.45‰,主要的劳动力流出省为四川省、安徽省、湖北省、河南省等,最高净流出率为7.46‰。2020年北京市、上海市等一线城市劳动力流入大量减少,北京市在2020年甚至出现负流入。一线城市高额的房价、高压力的工作、高成本的生活使得部分劳动力从一线城市向二三线城市流动,使一些二三线城市出现劳动力回流。同时安徽省、四川省、河南省等劳动力流出有所减少,但东北部省份劳动力流出呈明显上升趋势。2020年劳动力的主要流入地为浙江省、广东省、海南省等,劳动力主要流出地为湖北省、黑龙江省、吉林省等。

经过15年的发展变化,各省份劳动力迁入率变化较大,主要体现在以下几个方面:一是劳动力从向一线城市流动逐渐转向城市群聚集;二是东北地区劳动力外流日益加剧;三是劳动力从向沿海地区流动转向中西部主要城市。2006年和2020年各省(自治区/直辖市)的劳动力净流入率具体如表4-4所示。

表 4-4 2006 年和 2020 年各省(自治区/直辖市)的劳动力净流入率

省(自治区/直辖市)	2006 年劳动力迁入率/‰	省(自治区/直辖市)	2020 年劳动力迁入率/‰
北京	24.41	北京	-1.92
天津	26.45	天津	0.27
河北	0.68	河北	-2.36
山西	0.04	山西	-4.78
内蒙古	0.42	内蒙古	-6.81
辽宁	9.54	辽宁	-3.92
吉林	0.05	吉林	-16.91
黑龙江	-1.66	黑龙江	-22.23
上海	18.07	上海	1.74
江苏	7.10	江苏	-1.00
浙江	10.82	浙江	9.58
安徽	-7.41	安徽	-4.38
福建	0.70	福建	-0.54
江西	-1.32	江西	-5.99
山东	0.71	山东	1.40
河南	-3.89	河南	-0.73
湖北	-5.56	湖北	-31.64
湖南	-2.61	湖南	-2.54
广东	5.34	广东	4.10
广西	3.68	广西	-0.69
海南	0.75	海南	9.65
重庆	0.16	重庆	3.12
四川	-7.46	四川	-1.39
贵州	-0.33	贵州	-4.82
云南	-0.21	云南	-4.36
西藏	3.62	西藏	4.00
陕西	0.04	陕西	-1.44
甘肃	-1.27	甘肃	-6.71

表 4-4（续）

省（自治区/直辖市）	2006 年劳动力迁入率/‰	省（自治区/直辖市）	2020 年劳动力迁入率/‰
青海	0.36	青海	-2.23
宁夏	2.32	宁夏	-1.89
新疆	7.91	新疆	7.94

四、东北地区劳动力流动规模和趋势

东北三省在 2006—2020 年的 15 年间，劳动力外流不断加剧。黑龙江省劳动力外流最为严重，近 10 年劳动力流出率均超过 10‰，2020 年超过 20‰，并且呈逐渐增长态势，劳动力外流带来的一系列问题将逐渐凸显。相比之下，辽宁省劳动力外流问题不是十分严重，2012 年之前一直吸引外省劳动力流入，2012 年后，劳动力逐渐开始外流，每年劳动力外流逐渐增加。吉林省劳动力外流问题较为突出，在全国范围内属于劳动力流出大省。2006—2020 年东北三省劳动力净流入率具体如表 4-5 所示。

表 4-5　2006—2020 年东北三省劳动力净流入率

年份	黑龙江省劳动力迁入率/‰	吉林省劳动力迁入率/‰	辽宁省劳动力迁入率/‰
2006	-1.66	0.05	9.54
2007	-1.90	-0.05	4.71
2008	-1.91	-0.90	2.14
2009	-1.87	0.54	4.51
2010	-0.22	0.56	6.19
2011	-14.07	-8.92	0.46
2012	-14.78	-10.55	-0.52
2013	-15.19	-12.46	-1.72
2014	-14.96	-11.09	-1.42
2015	-20.56	-11.32	-4.36

表 4-5(续)

年份	黑龙江省 劳动力迁入率/‰	吉林省 劳动力迁入率/‰	辽宁省 劳动力迁入率/‰
2016	−16. 27	−16. 21	−1. 91
2017	−16. 17	−15. 76	−2. 96
2018	−18. 67	−15. 10	−4. 00
2019	−18. 81	−12. 63	−2. 06
2020	−22. 23	−16. 91	−3. 92

五、我国东北三省各城市劳动力流动规模和趋势

为了进一步了解东北地区劳动力外流的情况,测算黑龙江、吉林、辽宁三省地级市劳动力迁入率水平,从而更加清晰地描绘出东北三省劳动力外流问题的严峻性。东北三省 2006—2019 年劳动力迁入变化趋势如图 4-10 所示,2006 年和 2019 年劳动力迁入情况具体如表 4-6 所示。

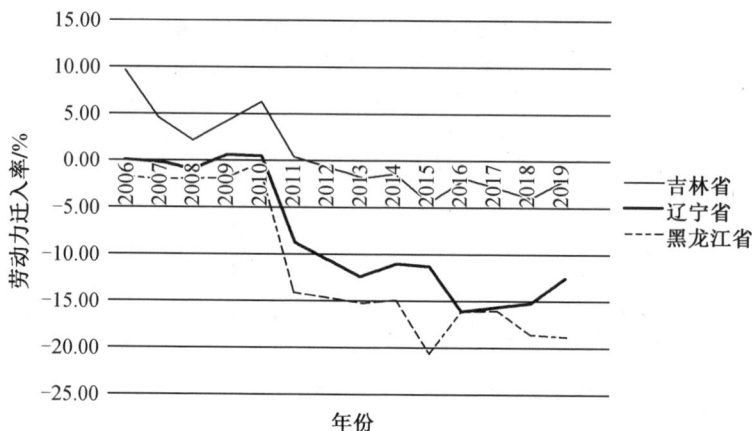

图 4-10　东北三省劳动力迁入变化趋势图

表 4-6　2006 年和 2019 年东北三省地级市的劳动力净流入率

省份	地级市	2006 年劳动力迁入率/‰	地级市	2019 年劳动力迁入率/‰
黑龙江省	大庆市	9.45	大庆市	-2.47
	哈尔滨市	2.43	哈尔滨市	-8.30
	鹤岗市	-3.31	鹤岗市	-10.11
	黑河市	-8.80	黑河市	-5.27
	鸡西市	-10.00	鸡西市	-12.06
	佳木斯市	-3.38	佳木斯市	-85.56
	牡丹江市	12.14	牡丹江市	-61.95
	七台河市	50.24	七台河市	-10.38
	齐齐哈尔市	19.54	齐齐哈尔市	-20.58
	双鸭山市	-6.45	双鸭山市	-12.60
	绥化市	-4.37	绥化市	-5.23
	伊春市	-5.81	伊春市	-9.61
吉林省	白城市	-3.55	白城市	-2.96
	白山市	-15.63	白山市	-12.30
	吉林市	-3.18	吉林市	-2.46
	辽源市	-4.58	辽源市	-6.15
	四平市	-1.98	四平市	-3.08
	松原市	-4.46	松原市	-3.60
	通化市	-2.17	通化市	-5.21
	长春市	4.44	长春市	0.96
辽宁省	鞍山市	1.33	鞍山市	-4.07
	本溪市	-1.90	本溪市	-2.11
	朝阳市	1.25	朝阳市	-3.59
	大连市	1.28	大连市	-0.18
	丹东市	2.28	丹东市	-3.97
	抚顺市	-0.98	抚顺市	-2.48
	阜新市	-1.14	阜新市	-5.62

表 4-6(续)

省份	地级市	2006 年劳动力迁入率/‰	地级市	2019 年劳动力迁入率/‰
辽宁省	葫芦岛市	0.56	葫芦岛市	-1.88
	锦州市	-0.77	锦州市	-1.47
	辽阳市	-1.38	辽阳市	-3.82
	盘锦市	12.06	盘锦市	-2.22
	沈阳市	-52.88	沈阳市	0.65
	铁岭市	0.19	铁岭市	2.08
	营口市	0.08	营口市	-1.00

第四节　东北地区流出劳动力的主要特征

为了深入了解东北地区劳动力流动的问题,从微观视角深入分析东北地区劳动力外流的主要特征,包括劳动力的流向、流动原因、个体特征(性别、年龄、户籍、受教育程度等)、家庭特征、职业特征、收入特征等。

本节研究东北地区流出劳动力的基本特征,研究对象为流入其他省市的东北地区的劳动力。研究对象有以下三个方面的特征:

(1)户籍地为东北三省;

(2)年龄属于劳动力范畴;

(3)跨区域流动,流入除东三省以外的其他省市。

利用国家卫健委对发布《2018 年全国流动人口动态监测调查》数据,首先筛选户籍地区为黑龙江、吉林、辽宁三省的样本,在此基础上选择年龄在 16~65 岁的劳动力群体作为本节的研究对象。经过数据处理,有效样本量为 3 587 个,用于本节数据分析。

一、东北地区流出劳动力的地域流向

在 2018 年的调查数据样本中，我们能够看出东北三省劳动力流入北京市、天津市的劳动力数量占比较高，合计占比超过 40%。长三角区域上海市、江苏省、浙江省累计为 10% 左右，珠三角地区等其他经济带流入劳动力数量较少。东北三省劳动力跨省份流动与全国劳动力总体流动方向还存在一定差异。东北三省劳动力更倾向流入北方省份和城市，主要考虑迁移距离较短、迁移成本相对较低，更愿意在离家较近的地方工作和生活，回家路程和时间较少，费用相对较低。东北三省劳动力跨省流动的地区、数量及占比具体如表 4-7 所示。

表 4-7　东北三省劳动力流入区域统计表

流出省（自治区/直辖市）	流出劳动力数量/人	占比/%
北京	714	19.91
天津	770	21.47
河北	435	12.13
山西	75	2.09
内蒙古	198	5.52
上海	193	5.38
江苏	109	3.04
浙江	81	2.26
安徽	9	0.25
福建	20	0.56
江西	23	0.64
山东	303	8.45
河南	30	0.84
湖北	29	0.81
湖南	14	0.39
广东	73	2.00
广西	40	1.12

表 4-7(续)

流出省(自治区/直辖市)	流出劳动力数量/人	占比/%
海南	194	5.41
重庆	21	0.59
四川	19	0.53
贵州	10	0.28
云南	20	0.56
西藏	43	1.20
陕西	26	0.72
甘肃	23	0.64
青海	28	0.78
宁夏	30	0.84
新疆	57	1.59
合计	3 587	100

数据来源:《2018 年全国流动人口动态监测调查》。

二、东北地区流出劳动力的性别特征

在 2018 年的调查数据样本中,东北地区流出劳动力性别比例为男性占 52.5%,女性占 47.5%,具体如图 4-11 所示。东北地区流出劳动力中男性占比略高于女性,可能是由于传统观念仍然存在,男性更倾向于到外地谋生。东北地区经济发展相对缓慢,就业机会较少,一些年轻人为了谋生不得不到外地打工,以提高生活水平,尤其是男性,因为他们在一些体力劳动方面优势明显,并且可能会遇到更多机会和更高收入,而女性由于婚姻家庭等因素流动人数相对男性略少。

三、东北地区流出劳动力的年龄特征

在 2018 年的调查数据样本中,东北地区流出劳动力的年龄特征主要分布在 31~65 岁,其中 41~65 岁的人数最多,占比约为 53.7%,而 16~30 岁的年轻人只占约 7.7%,具体如图 4-12 所示。东北地区流出劳动力的年龄结构以中青年为主,其中41~65岁人数最多,这可能是因为这一年龄段的人员在东北地区的经济发展中拥有比较多的工作经验和技能,更有可能在外地找到更好的工作机会。相比之下,16~30岁的年轻人数较少,这可能与东北地区的经济发展缓慢、就业机会较少等因素有关。

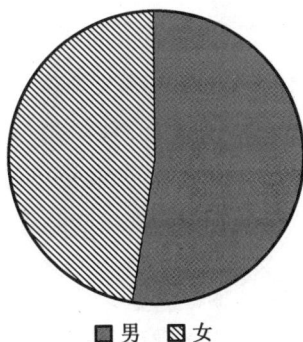

■男 ⊘女

图4-11 东北地区流出劳动力的性别特征

(数据来源:《2018年全国流动人口动态监测调查》)

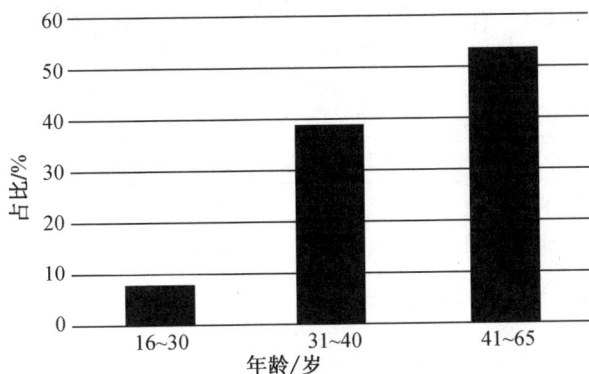

图4-12 东北地区流出劳动力的年龄特征

(数据来源:《2018年全国流动人口动态监测调查》)

四、东北地区流出劳动力的户籍特征

在2018年的调查数据样本中,东北地区流出劳动力农村户籍占比约为55.53%,非农村户籍占比约为44.47%,具体如图4-13所示。黑龙江、吉林、辽宁三个省份均农业户籍劳动力流出数量高于非农业户籍,具体如表4-8所示。东北地区流出劳动力的户籍结构以农村户籍为主,这可能与东北地区的农村经济发展缓慢、就业机会有限等因素有关。同时也受到气候影响,东北地区的冬季较长,冬季不需要进行农业劳作,闲暇时间较多,这也会促使一些农村居民到外地寻找工作机会,以提高总体的家庭收入,提高生活水平。

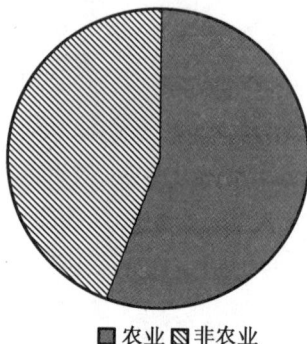

■农业☒非农业

图 4-13　东北地区流出劳动力的户籍特征

(数据来源:《2018 年全国流动人口动态监测调查》)

表 4-8　黑龙江、吉林、辽宁三省流出劳动力的户籍特征

省份名称	农业户籍/人	占比/%	非农业户籍/人	占比/%	样本总量/人
黑龙江省	1 075	54.85	885	45.15	1 960
吉林省	457	56.21	356	43.79	813
辽宁省	460	56.51	354	43.49	814
东北三省合计	1 992	55.53	1 595	44.47	3 587

数据来源:《2018 年全国流动人口动态监测调查》。

五、东北地区流出劳动力的受教育程度

在 2018 年的调查数据样本中,东北地区流出劳动力的学历特征主要分布在初中和高中/中专之间,其中初中占比约为 37.97%,高中/中专占比约为 20.96%,二者累计达到 50%以上。其次分布在大学本科和大学专科,分别占比约为 14.64%和 14.39%,其他教育程度人数较少。未上学的文化教育水平和研究生的文化教育水平人数所占比例非常低,分别只占流出劳动力的 0.31%和 1.56%。东北地区流出劳动力受教育程度具体如图 4-14 所示。

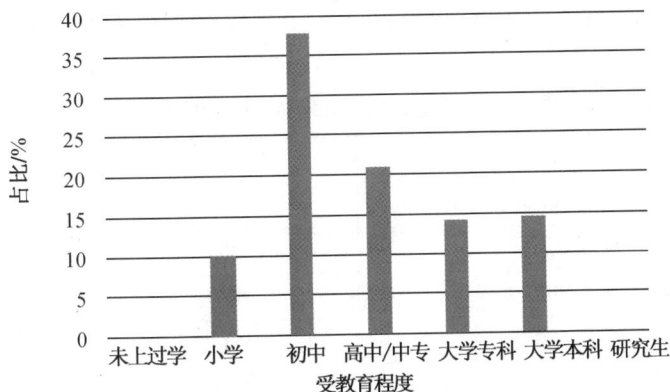

图 4-14　东北地区流出劳动力的受教育程度

(数据来源:《2018 年全国流动人口动态监测调查》)

六、东北地区流出劳动力的家庭结构

在 2018 年的调查数据样本中,东北地区流出劳动力的家庭特征主要是已婚人士,占比为 83.86%,未婚人士占比为 16.14%,具体如图 4-15 所示。

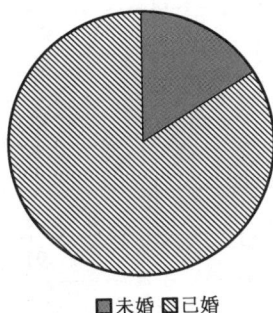

■未婚 ▨已婚

图 4-15　东北地区流出劳动力的婚姻状况

(数据来源:《2018 年全国流动人口动态监测调查》)

七、东北地区流出劳动力的职业特征

在 2018 年的调查数据样本中,东北三省劳动力到其他省份经商的比例最高,占比 15.36%;第二位是其他商业、服务人员,占比为 14.83%;第三位是专业技术人员,占比为

11.93%。同时,从事餐饮、生产工作的人员相对其他较多,具体如表 4-9 所示。

表 4-9 东北三省流出劳动力的职业特征

职业分类	人数/人	占比/%
国家机关、党群组织、企事业单位负责人	25	0.70
专业技术人员	428	11.93
公务员、办事人员和有关人员	69	1.92
经商	551	15.36
商贩	83	2.31
餐饮	336	9.37
家政	27	0.75
保洁	62	1.73
保安	68	1.90
快递	26	0.72
农、林、牧、渔、水利业生产人员	27	0.75
生产	295	8.22
运输	89	2.48
建筑	90	2.51
其他商业、服务业人员	532	14.83
其他生产、运输设备操作人员及有关人员	133	3.71
无固定职业	58	1.62
装修	39	1.09
其他	91	2.54
未填写	558	15.56
合计	3 587	100

数据来源:《2018 年全国流动人口动态监测调查》。

八、东北地区流出劳动力的收入特征

《2018 年全国流动人口动态监测调查》数据中题项"过去一年,您家平均每月总收入为多少?"能够较好地反映东北地区流出劳动力的收入水平。将这一题项调查结果进行分组统计,结果显示家庭每月总收入在 2 001~5 000 元的劳动力数量最多,占比达到 32.76%,其次是 5 001~8 000 元的劳动力占比 29.24%,东北地区流出劳动力的收入情况具体情况如图 4-16 所示。

如果一个家庭的月收入为 5 000 元,而且还需要扣除生活必须支出(如房租、水电费、食品、交通等费用),那么这个家庭的可支配收入就会相对较少。整体来看,东北地区外流的劳动力收入水平整体不高。

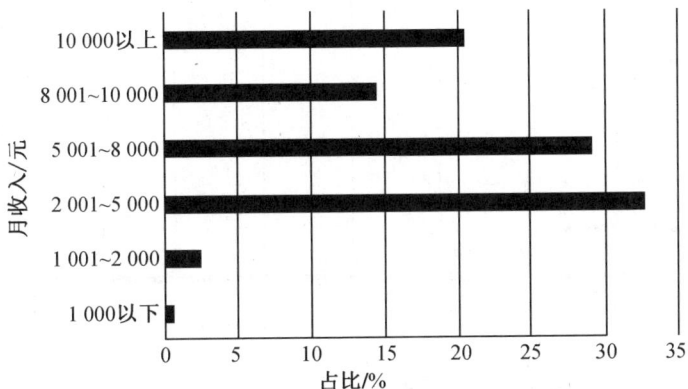

图4-16 东北地区流出劳动力的收入情况

(数据来源:《2018 年全国流动人口动态监测调查》)

九、东北地区劳动力流出的动因

在 2018 年的调查数据样本中,将劳动力流出的动因分为 13 个方面,分别为务工/工作、经商、家属随迁、婚姻嫁娶、拆迁搬家、投亲靠友、学习培训、参军、出生、异地养老、照顾自家老人、照顾自家小孩、其他。调研结果显示,流动原因为务工/工作的劳动者占绝大多数,占比为 67.35%,流动原因为经商的劳动者占 18.71%。由于就业、工作原因流动的劳动力总占比达到 86.06%,东北地区流出劳动力流出的动因具体如图 4-17 所示。

东北地区 86% 劳动力外流源于就业因素,这意味着东北地区存在严重的就业问题。由于东北地区的经济结构以重工业为主,随着国家经济发展战略的调整和全球市场的变化,许多传统重工业产能过剩,企业效益下降,导致大量的职工失业或收入降低。虽然东北地区近年来已经开始推动新兴产业的发展,如信息技术、新能源、高端装备制造等领域,但相比于传统的重工业和资源型产业,这些新兴产业的规模和产能还相对较小,就业机会也不够充足。另外,新兴产业的发展需要一定的技术和人才支持,而东北地区在这方面的短缺也限制了新兴产业的发展和创新能力。东北地区的新兴产业发展相对滞后,导致就业机会相对较少,大量劳动力流向其他省份寻求就业机会。

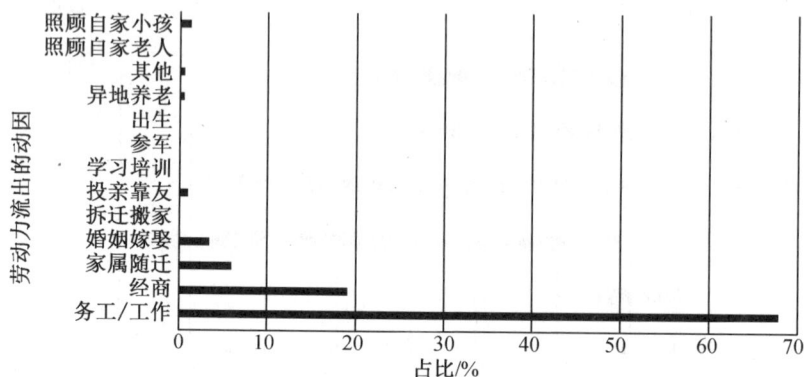

图4-17 东北地区流出劳动力流出的动因

(数据来源:《2018年全国流动人口动态监测调查》)

第五节 本 章 小 结

本章首先分析了我国劳动力流动和东北地区劳动力流动的历程,通过研究劳动力流动的历史进程,可以了解到现代劳动力市场的形成和发展,这对我们把握劳动力市场的运行规律和特点具有重要意义。

本章根据我国第七次全国人口普查结果以及中央财经大学中国人力资本与劳动经济研究中心发布的《中国人力资本指数报告2021》数据,分析我国劳动力的数量、年龄、受教育程度和人力资本情况,在全国劳动力特征分析的基础上,着重分析东北三省劳动力的特点,在数量上东北地区劳动力不够充足,劳动力平均年龄全国范围最高,受教育程度整体位于中等偏上水平,人力资本水平逐年稳步提升。

　　本章运用 2005—2019 年《中国统计年鉴》《中国城市统计年鉴》数据从宏观层面测算了东北三省 34 个城市劳动力流动规模,分析东北地区劳动力流动的趋势,数据显示东北地区劳动力外流问题愈发严重。本章还使用《2018 年全国流动人口动态监测调查》数据从微观层面分析东北地区流出劳动力的地域流向、性别特征、年龄特征、户籍特征、受教育程度、职业特征、收入特征、流出动因等方面,从多个层面、多个维度分析东北地区劳动力外流的现状和特征。

第五章　东北地区劳动力外流
影响因素研究

东北地区劳动力外流的影响因素关系具体如图 5-1 所示。

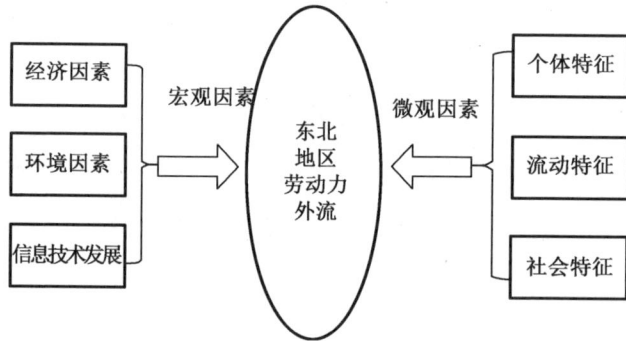

图 5-1　东北地区劳动力外流的影响因素关系图

第一节　东北地区劳动力外流宏观
影响因素分析

东北地区劳动力外流是一个长期存在的现象,宏观影响因素主要包括经济因素、环境因素和信息技术发展三个方面。

一、经济因素

（一）区域经济发展不平衡

东北地区的经济发展存在明显的不平衡现象,这种不平衡发展也是导致东北地区劳动力外流问题的主要原因之一。

1.东北地区的经济发展相对滞后

虽然近年来东北地区政府加大了对新兴产业的投资力度,但相对于南方等发达地区来说,东北地区的经济发展还是较为滞后的。这使得许多有技能的劳动力因为无法在本地找到合适的工作机会,便只能选择到其他地区寻找更好的就业机会,从而导致大量的劳动力外流。

2.东北地区的收入水平相对较低

由于东北地区的经济相对落后,因此劳动力在该地区的收入水平也相对较低。相比之下,南方等发达地区的收入水平较高,许多东北地区的劳动力不得不离开家乡,到其他地区寻求更好的经济机会。

由此可以看出,东北地区区域经济发展不平衡是导致劳动力外流问题的主要原因之一。为了解决这个问题,东北地区政府需要加大对当地经济的投资力度,促进当地经济的发展,同时也要加快基础设施建设的进程,提高当地的生活水平,从而吸引更多的劳动力留在东北地区就业。

（二）产业结构调整不充分

东北地区的产业结构一直以来都以重工业为主,但随着经济的发展和国家产业政策的调整,东北地区的产业结构也在逐步调整。然而,这种产业结构的调整不够充分,对劳动力外流问题造成了不良影响。

1.东北地区经济发展依赖于传统重工业

传统重工业如煤炭、钢铁、机械等,这种产业结构的单一性导致了该地区对经济环境变化的适应能力较弱,也限制了地区经济的发展。相比之下,其他地区的产业结构更加多元化,其对经济环境的适应能力更强,吸引了大量的人才流入。

2.东北地区的产业结构调整相对缓慢

虽然近年来,东北地区开始逐渐向服务业转型,但重工业在该地区仍然占据着重要的经济地位。这导致许多有技能的工人没有机会在新兴产业中找到工作,只能选择流入其他地区,尤其是南方城市等发达地区,以寻找更好的就业机会。

3. 东北地区的新兴产业发展相对薄弱

尽管东北地区政府积极推动新兴产业的发展,但由于历史条件影响、基础设施建设不足、投资力度不够等原因,新兴产业在该地区的发展相对缓慢。这使得东北地区的劳动力在流入其他地区时往往只能从事一些基础性的劳动力岗位,如服务行业、建筑业等,无法发挥其技术和专业能力。

由此可以看出,东北地区产业结构调整不充分,是导致劳动力外流问题的主要原因之一。为了解决这个问题,东北地区政府需要加大对新兴产业的投资力度,并提高当地经济的整体发展水平,从而为当地劳动力创造更多的就业机会和更好的收入水平。

二、环境因素

环境包括硬环境和软环境,硬环境主要涉及气候环境、基础设施等方面,软环境主要包括地区的公共服务水平。

(一)基础设施不完善

东北地区的基础设施建设相对滞后,交通、能源、通信等基础设施建设水平与其他地区相比存在较大差距。这导致了东北地区的交通运输不便、能源供应不稳定、通信网络不发达等问题,制约了地区的经济发展和人才流动。缺乏现代化的基础设施,使得东北地区缺乏吸引人才的硬性条件,因此不少有能力的劳动力被迫离开东北地区去寻找更好的发展机会。基础设施建设的不足不仅会限制当地经济的发展,还会制约劳动力的就业机会和生活质量。相比之下,我国南方等发达地区的基础设施建设更为完善,这也为当地的劳动力提供了更多的就业机会和更好的生活条件,从而吸引了大量的东北地区劳动力流入。

(二)公共服务水平不高

东北地区的公共服务水平相对较低,教育、医疗、社保等公共服务的覆盖率和质量都比较低,这导致了人才流失。许多有能力的劳动力为了获得更好的教育和医疗资源,选择离开东北地区到其他地区或海外去发展,进而形成了人才外流。

综上所述,我国东北地区的基础设施和公共服务水平与其他地区相比较为滞后,这使得东北地区难以吸引人才和扭转人口流失的趋势。因此,东北地区需要加强基础设施和公共服务的建设,同时转变产业结构,增加经济发展的多样性,以吸引更多的人才流入,推动东北地区经济发展。

(三) 硬环境问题

气候环境对劳动力外流也有一定的影响。东北地区属于典型的寒温带季风气候,冬季寒冷漫长,夏季短暂而凉爽,这对于一些从事户外工作的人来说是一定的挑战,可能会导致他们流向气候条件更为宜人的地区。除此之外,东北地区还存在着环境污染等问题,如煤炭和重工业的污染等。这种污染不仅会影响当地居民的健康,也会对从事相关行业的劳动力造成健康问题。因此,劳动力可能会选择离开,寻找更加健康的生活环境和工作条件。另外,由于东北地区的冬季气候较为恶劣,对供暖需求较高。但是由于历史原因和经济发展水平的不足,该地区的供暖设施和设备存在很大的问题。这也可能对劳动力的留存造成不利影响,因为他们可能会选择到更加温暖的地区工作生活。

总的来说,东北地区劳动力外流的影响因素是多方面的,需要政府和社会各方共同努力,提高该地区的发展水平和吸引力,创造更多的就业机会,留住更多的劳动力。

三、信息技术发展

随着互联网技术的不断发展,一些传统行业逐渐减少,使得新兴的行业得到了快速的发展。例如,电商、游戏开发、软件工程师、数据分析师等职业逐渐成为热门的就业选择。新的就业形态也逐渐出现,如共享经济、自由职业者、平台经济等。这些就业形态可以让劳动者更加灵活地选择就业方式和时间,并且更容易进入就业市场。互联网的发展为劳动者提供了更多的职业培训机会。在线学习平台可以让劳动者通过网络学习新技能,从而适应新的就业市场,提高自己的竞争力。互联网使得信息交流更加快捷,人们可以很方便地在不同城市和国家之间工作和生活,这增加了劳动力的流动性,使得劳动者可以更加灵活地选择就业地点和职业。

综上所述,互联网的发展使得劳动者的就业环境发生了巨大变化,传统的就业模式正在逐渐被打破。在这个新的就业市场中,劳动者需要具备更多的技能和知识,并且更具有灵活性和适应性,能在竞争中获得优势。一个地区互联网发展水平、数字经济发展水平也是影响劳动力流动的重要因素。

第二节　东北地区劳动力外流微观
影响因素分析

劳动力的个体特征可以对劳动力的流动产生影响,具体可以从劳动力的个体特征、流动特征以及社会特征进行分析。

一、个体特征

(一)性别

性别对劳动力跨区域流动具有影响,尤其是在特定行业和职位中,如建筑业、制造业、科学技术等领域。研究表明,在跨区域迁移的流动人口中,男性占比相对较高。这是因为在某些领域,如建筑和制造业等需要较大的体力和耐力,男性更有优势。但是在需要协调和沟通的行业中,女性相对更具有优势。

(二)年龄

年轻人更容易跨区域流动,因为他们通常还没有承担家庭和其他责任,而且更有活力和机会学习新的知识和技能。相比之下,年龄较大的劳动力更可能留在原居住地或者更愿意选择稳定的工作。但是,随着社会老龄化程度的不断加深,一些老年劳动力也开始考虑跨区域流动,以寻求更好的生活和养老条件。

(三)户口性质

户籍限制了外来人口在城市落户和享受城市公共服务的权利,而城市户籍在部分城市的申请门槛也相对较高,对外来人口的流动形成一定的制约。相比之下,农业户口的劳动力更容易选择外出打工或者迁移到城市。

（四）受教育水平

相对来说,教育水平高的劳动者通常会有较好的职业前景和就业机会,因此他们可能更有可能找到更好的工作,也更有可能在职业生涯中更频繁地进行流动。同时,受教育水平较高的劳动者在新的城市往往也更容易获得工作机会和更高的薪资待遇,从而更可能选择跨区域流动。

（五）婚姻状况

婚姻状况对劳动力跨区域流动也有影响,已婚人士通常需要考虑家庭和伴侣的需求,这可能限制他们跨区域流动的能力。已婚女性面临着更多的家庭和社会压力,这也可能限制她们跨区域流动的能力。相反,单身人士和未婚人士更容易选择跨区域流动,以追求更好的工作机会和生活条件。

二、流动特征

（一）流动原因

流动原因是影响劳动力跨区域流动的重要因素之一。一般而言,经济和就业机会是最主要的流动原因。例如,当某个地区的经济状况不佳,就业机会较少时,劳动力可能会选择跨区域流动寻求更好的就业机会。此外,教育、家庭、文化和环境等因素也可能影响劳动力跨区域流动。

（二）流动意愿

如果劳动力对跨区域流动持积极态度,并认为跨区域流动会带来更好的生活和工作条件,那么他们更可能选择跨区域流动。相反,如果劳动力对跨区域流动持消极态度,并认为跨区域流动会带来诸多不便和挑战,那么他们可能不愿意选择跨区域流动。

总体而言,流动原因、流动时长和流动意愿是相互作用的,其中任何一个因素的改变都可能导致劳动力的跨区域流动决策发生变化。例如,如果某个地区的经济状况和就业机会发生了变化,那么劳动力可能会改变他们的流动意愿,从而选择跨区域流动。

三、社会特征

(一)家庭月收入

家庭月收入是衡量一个家庭经济实力的重要指标。如果一个家庭月收入较高,那么家庭成员在生活中的各方面支出都会较为宽裕。家庭月收入高的劳动力若要跨区域流动,就可以更轻松地承担流动的风险和成本,因为他们有足够的资金来支持他们在新的城市安家落户。此外,高收入家庭的劳动力通常也更容易获得更好的教育和医疗保健,这样的优势也会让他们更容易决定跨区域流动。相反,如果一个家庭月收入较低,那么他们在生活中的各种支出会较为紧张。这样的话,如果某个家庭成员想要跨区域流动,可能需要承担较大的风险和成本,这可能会影响他们的决定,会让他们更难以跨区域流动。

(二)家庭月支出

家庭月支出是影响劳动力跨区域流动的一个重要因素。如果一个家庭月支出较高,那么劳动力成员就需要赚取更多的钱来维持家庭生活。如果他们在当地无法找到足够的工作机会或薪资水平无法满足其支出需求,那么这些劳动力成员就有可能选择跨区域流动,以寻找更好的工作机会和更高的薪资水平。反之,如果一个家庭的支出相对较低,那么劳动力成员可能会更倾向于留在当地,因为他们的生活成本相对较低,可以轻松地满足其生活需求。

(三)从事职业

如果劳动力从事的职业在当地需求不高或者薪资水平相对较低,那么他们可能会考虑跨区域流动,以寻找更好的职业机会和薪资条件。反之,如果劳动力从事的职业在当地需求很高或者薪资水平相对较高,那么他们可能会更倾向于留在当地,因为他们可以获得更好的职业机会和更高的薪资条件。

(四)医疗保险参保情况

如果劳动力在当前所在地没有医疗保险或医疗保险福利较差,那么他们可能会考虑跨区域流动,寻找医疗保险福利更好的工作机会和更好的生活环境。反之,如果劳动力在当前所在地已经享有比较好的医疗保险福利,那么他们可能会更倾向于留在当地,因为他们可以获得更好的医疗保障。

第三节　东北地区劳动力外流的影响因素指标体系

一、指标选取原则

为了使所选取的因素能够全面、科学、真实地反映各种影响因素对我国东北地区劳动力外流的影响,在选择指标时需遵循以下原则。

(一)全面性原则

通过上述对影响东北地区劳动力流动的因素分析可知,影响因素分为宏观影响因素和微观影响因素,每种因素对东北地区劳动力流动都有不同程度的影响,因此,选择的指标必须要以一定的科学理论为依据,并且要使所选择的指标尽可能体现全面性,能够全面地反映各种因素对我国劳动力流动的影响。

(二)合理科学性原则

所选取的每一个指标必须建立在科学理论的基础上,每一个指标的选择都要有科学依据,这样才能更有效地进行实践,并进行正确的计算和分析。同时所选取的指标必须简单合理,不能过多也不能过于复杂,否则会造成指标体系的重叠和繁杂,不利于操作;也不能过少或者过于简单,这样所选取的指标不能充分表达所有信息,因此指标选取必须合理适中。

(三)易于获得性原则

如果选取的指标在平时的数据收集中难以获得,那么即使指标选取合理科学也不便于实施,整个指标体系的应用就会受到限制。因此,在选择指标时,必须考虑所选取指标数据的可获得性,最好是能从常规的统计年鉴或者统计公布中取得或者计算而得,这样才能提高指标的可应用性。

(四)动态性原则

由于劳动力的流动是一个持续动态的过程,指标体系的选择应是一个持续发展并能在此前提下进行更新或调整的过程,这样才能使所选择的指标更完善、全面。因此,所选取的指标要能体现出劳动力流动的动态性。

二、指标的选取

根据上述四个指标选取的原则并结合实际情况,从前文的分析可知,目前影响东北地区劳动力外流的因素集中在经济因素、环境因素以及个人因素等方面。本部分关于东北地区劳动力外流的影响因素选取情况如下。

(一)反映经济发展水平的指标

选取东北三省各城市的人均地区生产总值来反映该地区经济发展状况。人均地区生产总值可以反映该地区的经济表现和经济增长差异,能够很好地反映各地区经济发展水平的差异。

(二)反映产业结构情况的指标

第一产业占地区生产总值的比重、第二产业占地区生产总值的比重、第三产业占地区生产总值的比重可以反映该地区的产业结构,由于我国劳动力流动人口主要分布在第二产业和第三产业,因此,这两个指标更能反映地区产业结构与劳动力流动的关系。

(三)反映公共服务水平的指标

选取东北各城市人均教育支出、医院数量、中小学数量、每百人公共图书馆藏书量四个指标反映地区公共服务水平。人均教育支出反映该地区教育发展水平;医院数量反映该地区的医疗卫生发展水平,医疗卫生状况好的地区能给劳动力提供更好的健康保障;中小学数量能反映该地区的教育资源;每百人公共图书馆藏书量反映该地区的文化资源,以上指标均能从不同角度反映该地区公共服务水平,是一个地区软环境发展的体现。公共服务水平高能够让该地区的市民享受更好的教育、医疗,能够更好地留住和吸引劳动力,相反,公共服务水平较差的地区则会促使劳动力外流。

(四)反映就业因素的指标

城镇单位在岗职工平均工资、城镇失业率两个指标反映该地区就业状况。城镇单位在岗职工平均工资反映了该地区的工资水平差异,较高的工资水平能更吸引劳动力的流动,而较低的工资水平会促使劳动力向其他地区流出;城镇失业率反映了该地区的就业状况,就业状况好的地区对劳动力的流动有更大的吸引力,失业率高的地区劳动力则更倾向流动到其他地区寻求就业机会。

(五)反映基础设施的指标

建成区绿化覆盖率、公共交通客运总量这两个指标来量化各地区的基础设施状况。建成区绿化覆盖率反映该地区的自然环境,良好的自然环境更能吸引劳动力的流入,自然环境较差会加速劳动力流出。公共交通客运总量反映了该地区的交通状况,交通发达的地区产生的地理障碍较小,劳动力迁移所花费的交通成本和时间就更少,交通不便利的地区则迁移成本则更高。

(六)反映互联网发展的指标

选取东北各城市国际互联网接入户数来反映地区互联网发展情况。互联网发展、数字经济兴起,改变了劳动力的就业方式,也改变了劳动力市场的需求,对劳动力流动产生重要影响。

(七)反映劳动力的个体特征的指标

选择劳动者性别、年龄、户口性质、受教育程度、婚姻状况作为反映个体的特征的指标。

(八)反映劳动力的流动特征的指标

选择劳动者的流动意愿、流动原因作为反映劳动力流动特征的指标。

(九)反映劳动力的社会特征的指标

选择家庭月收入水平、家庭月支出水平、从事的职业和医疗保险状况来作为反映劳动力社会特征的指标。东北地区劳动力外流的影响因素指标体系具体如表5-1

所示。

表 5-1 东北地区劳动力外流的影响因素指标体系

一级指标	二级指标	三级指标
宏观层面因素	经济发展	人均地区生产总值
	产业结构	第一产业占地区生产总值的比重
		第二产业占地区生产总值的比重
		第三产业占地区生产总值的比重
	公共服务	人均教育支出
		医院数量
		中小学数量
		每百人公共图书馆藏书量
宏观层面因素	就业	城镇单位在岗职工平均工资
		城镇失业率
	基础设施	建成区绿化覆盖率
		公共交通客运总量
	互联网发展	国际互联网接入户数
微观层面因素	个体特征	性别
		年龄
		户口性质
		受教育程度
		婚姻状况
	流动特征	流动原因
		流动意愿
	社会特征	家庭月收入
		家庭月支出
		从事职业
		医疗保险参保情况

第四节　本 章 小 结

劳动力流动的因素包括多个方面,如房价、政策、经济发展、产业发展、公共服务等。本章从宏观层面和微观层面详细阐述了影响东北地区劳动力外流的因素。宏观层面因素包括区域经济发展不平衡、产业结构调整不充分、基础设施不完善、公共服务水平不高、信息技术发展受限等。微观因素包括劳动者的个体特征、流动特征、社会特征三个方面,具体包括劳动者的性别、年龄、户口性质、受教育水平、婚姻状况、流动原因、流动意愿、家庭月收入、家庭月支出、从事职业以及医疗保险参保情况等。

在分析东北地区劳动力流动影响因素的基础上,设计东北地区劳动力外流的影响因素指标体系,包括2个一级指标、9个二级指标、24个三级指标,能够更加全面、系统地分析东北地区劳动力外流的影响因素。

第六章　东北地区劳动力外流影响因素实证分析——基于宏观层面分析

本章以东北三省为特定的研究区域,选取东北地区流动劳动力为研究对象,在对东北地区跨省流动劳动力特征进行描述性分析的基础上,为了进一步分析各个因素对东北地区劳动力跨省流动的影响,本章根据研究目的进行定量分析,选取城市的经济发展、产业结构、公共服务、就业等影响因素,通过 PLS 模型分析了各因素对东北地区劳动力外流的影响情况。

第一节　研究假设的提出

一、经济发展

东北地区长期以来一直是我国的老工业基地,但随着全球经济形势的变化,东北地区的经济发展一度受到了很大的影响,这也导致了东北地区的人口流失,特别是劳动力的大量外流。经济发展水平受到该地区企业数量、地理位置、发展政策、人口数量等多方面因素影响,而经济发展水平也影响一个地区就业机会、工资收入以及社会福利等。经济发展水平的不平衡会导致劳动力流动。一般情况下,经济发展水平越高,往往会有越多企业进入,能够提供更多的就业岗位,工资水平相对更好,当地的社会福利水平也相对更高。所以一个地区经济发展水平越高,越有利于吸引劳动力流入,减少劳动力外流,在此基础上提出假设1。

假设1　地区的经济发展水平与东北劳动力减少外流有正向关系。

二、产业结构

虽然第一产业需要大量的人力资源,但由于该行业的生产方式和技术水平的提升,农业、渔业等第一产业对劳动力需求逐渐减少,导致就业机会逐渐减少。这会导致劳动力外流到其他地区寻找更好的就业机会。而第一产业劳动者的收入一般较低,也是导致劳动力外流的主要原因之一。相对于第一产业,第二产业的工作相对较为技术密集,通常需要一定的技术和专业知识。这会导致第二产业的工资水平相对较高,吸引了一些有技术或专业背景的劳动力到该地区就业。同时,传统的生产制造产业通常需要大量的人力资源,因此可能会吸引大量的劳动力流入该地区。随着城市化进程的加速,第三产业能够吸纳大量劳动力就业。尤其是在大城市,服务业的就业机会更是十分丰富,吸引了大量劳动力涌入该地区就业。服务业、商业、金融等行业通常在大城市中发展,这些地区有着较为先进的设施和管理模式,为劳动力提供了更加优越的工作环境,吸引他们前往该地区工作。第三产业中有些职位需要高端人才,如金融业需要具有丰富经验和专业知识的金融专家,而大城市往往有更多高校和研究机构,因此高端人才更容易聚集到这些地区。服务业、商业、旅游等行业的发展,带动了当地生活品质的提高,为劳动力提供更好的居住和生活条件,这也是劳动力会前往该地区的原因之一。基于以上分析,提出假设2。

假设2 地区的产业结构与东北劳动力减少外流有正向关系。

假设2.1 地区的第一产业发展水平与东北劳动力减少外流有负向关系。

假设2.2 地区的第二产业发展水平与东北劳动力减少外流有正向关系。

假设2.3 地区的第三产业发展水平与东北劳动力减少外流有正向关系。

三、公共服务

城市公共服务的提高可以带来更好的生活质量,如更好的医疗服务、更完善的教育体系、更多的文化娱乐活动等,这些因素会吸引一些劳动力前往该城市居住和工作。医疗设备和更优质的医疗服务,可以让人们更加安心地居住和工作,从而吸引更多的劳动力前往该地区。优质的教育可以培养出更多的人才,从而吸引更多的有子女的劳动力流入。基于以上分析,提出假设3。

假设 3　地区的公共服务水平与东北劳动力减少外流有正向关系。

四、就业

劳动者选择流动主要目的是改善当前生活状态,其中最重要的一个方面就是提高工资水平。工资水平高的地区往往可以吸引高素质的人才,特别是对于那些具有专业技能或高技能的人才。高工资水平也可以提供更好的薪资保障,能够满足人们的生活需求,从而吸引劳动力前往该地区工作和居住。一个地区的就业机会数量越多,越能够吸引更多的劳动力前往该地区工作和居住。这些就业机会可以来自不同的产业,如制造业、服务业、建筑业等。除了数量,就业机会质量也是吸引劳动力的重要因素。高质量的就业机会往往需要更高的技能和专业知识,可以提供更好的薪资和职业发展机会。基于以上分析,提出假设 4。

假设 4　地区的就业水平与东北劳动力减少外流有正向关系。

假设 4.1　地区的工资水平与东北劳动力减少外流有正向关系。

假设 4.2　地区的失业率与东北劳动力减少外流有负向关系。

五、基础设施

交通便利程度是城市基础设施的一个重要方面。如果一个城市的交通网络完善,交通运输工具多样化,通勤时间较短,那么人们更可能选择在该城市工作和生活,因为他们可以方便地到达工作场所或其他重要地点。城市绿化环境可以提高城市的生活品质,让人们更加舒适和放松;城市绿化环境可以吸收空气中的有害物质,提高城市的空气质量,让人们更加健康;城市绿化环境可以带来心理上的放松和舒适,降低人们的压力和疲劳感,提高他们的工作效率和生活质量。因此,具有良好绿化环境的城市可以吸引更多的人前往工作和居住。基于以上分析,提出假设 5。

假设 5　地区的基础设施建设与东北劳动力减少外流有正向关系。

假设 5.1　地区的交通便利程度与东北劳动力减少外流有正向关系。

假设 5.2　地区的环境绿化水平与东北劳动力减少外流有正向关系。

六、互联网发展

互联网的发展对于地区经济的发展有着重要的作用,它可以带来更多的就业机会。数字经济的发展正在引发就业市场质与量的变革,以数字技术创新应用为代表的数字经济发展推动了劳动力市场的质变与量变,一方面引发了就业载体、就业形态、就业技能要求的显著变化,另一方面对就业数量产生了双重影响,形成了带有明显数字经济时代特征的就业创造效应与就业替代效应。就业机会的增加能够更好地留住劳动力资源,在一定程度上减少劳动力外流。基于以上分析,提出假设6。

假设6　地区的互联网发展水平与东北劳动力减少外流有正向关系。

第二节　影响因素指标的选取及说明

一、被解释变量的选取

本章主要研究东北地区劳动力流动问题的影响因素,被解释变量定义为东北各城市的劳动力迁移率。学者关于劳动力迁移的测度方式较多,宏观方面的研究,劳动力流动有两种形式,一种是劳动力迁移(户籍变化),另一种是非户籍变化的流动,本研究不限制户籍,只要是跨市的流动都算是本书研究的流动范畴。由于劳动力流动的宏观数据主要来源于人口普查数据、城市统计年鉴等数据,受数据可得性限制,很多研究采用人口流动或人口迁移作为替代变量,但是在具体测度时仍存在较大差异。劳动力迁移的宏观测度方式有以下几种形式。

(1)净流入劳动力在城市人口中所占的比重,以全市常住人口高于全市户籍人口的部分与户籍人口的比值来表示。净流出劳动力在城市人口中所占的比重,以全市常住户籍人口低于全市户籍人口的部分与户籍人口的比值来表示。

$$净人口流入率 = \frac{常住人口 - 户籍人口}{户籍人口}$$

(2)用常住人口与户籍人口的差来表示该地区的流动劳动力数量(常住人口 - 户籍人口),正值意味着该地区为劳动力流入地,负值意味着该地区为劳动力流出地。进而,对各地区的流动劳动力数量取对数表示流动劳动力增长率。

(3)流动人口主要通过人户分离人口扣除市辖区人户分离的人口得到,鉴于部分省份的市辖区内人户分离数据缺失,使用人户分离人口近似替代,则

$$劳动力流动比率 = \frac{人户分离人口}{总人口数} \times 100\%$$

需要注意的是,流动人口中可能包含非劳动力流动,该数据较真实值偏大,但不构成实质性影响,不影响回归结果。

(4)考虑到数据的可得性,参考 Hu、赵德昭等和曾龙等的做法,采取

$$劳动力转移率 = \frac{年末总人口 - 前一年末人口 - 前一年末总人口 \times 人口的自然增长率}{年末总人口}$$

该计算方式表明劳动力流动由城市人口在两个时间点上的存量之差减去城市人口的自然增量所决定。其中,两个时间点上的存量差,表示为某城市当年年末总人口数量减去上一年年末总人口的数量,代表该城市人口当年的人口总增量;城市人口的自然增量则由上一年年末总人口乘以自然增长率获得。上述计算方式是将自然增量剥离出人口总增量,可解释为城市人口的"净转移量"。

(5)将各区县"迁入人口"类中的"本省其他县(市)、市区"和"外省"两项之和作为该区县的流入人口;将各区县的(常住)总人口与户籍人口之差作为该区县的净迁移人口;再将各区县流入人口与净迁移人口之差作为该区县的流出人口。

(6)衡量农村劳动力流动可细分为3个变量:
①流动劳动力占比,指外出和外来劳动力之和占该村年末常住人口的比例;
②流入劳动力占比,指外来劳动力人数占该村年末常住人口的比例;
③流出劳动力占比,指外出劳动力人数占该村年末常住人口的比例。

(7)使用微观数据构建地级市层面的外来劳动力迁入率,计算公式为

$$外来劳动力迁入率 = \frac{t\ 年调查时\ c\ 地级市常住人口中外地户籍人数}{t\ 年调查时\ c\ 地级市常住人口总数}$$

这种计算方式合理之处在于运用宏观数据解决了劳动年龄的限制,还能计算劳动力迁入率的变化率,非常有意义,但是问题在于数据运用的为普查数据,具有一定的局限性。同时还有学者用人口净迁移率刻画劳动力迁移率,计算公式为

$$劳动力净迁移率 = 人口增长率 - 人口自然增长率$$

基于学者的研究成果,本部分劳动力迁移率使用常住人口和人口自然增长率

计算,具体计算方式如下:

$$M_{c,t} = \frac{L_{c,t} - L_{c,t-1} - N_{c,t}}{L_{c,t}}$$

式中　$M_{c,t}$——c 城市 t 年份劳动力迁移率;

$\quad\quad L_{c,t}$——c 城市 t 年份常住人口数;

$\quad\quad L_{c,t-1}$——c 城市 t-1 年份常住人口数;

$\quad\quad N_{c,t}$——c 城市 t 年份人口自然增长数量。

$M_{c,t}$ 值为正,说明该城市能够吸引劳动力流入,劳动力外流问题不严重,相反 $M_{c,t}$ 值为负,说明该城市劳动力外流,$M_{c,t}$ 值为负,且绝对值越大说明劳动力外流问题越严重。

二、解释变量的选取

根据已有文献,本书将影响东北地区劳动力流动的因素划分为 6 个一级指标,13 个二级指标。一级指标包括经济发展、产业结构、公共服务、就业、基础设施、互联网发展。经济发展因素主要用人均地区生产总值(X_1)来衡量;产业因素使用第一产业占地区生产总值的比重(X_2)、第二产业占地区生产总值的比重(X_3)、第二产业占地区生产总值的比重(X_4)来衡量;公共服务因素涉及医疗、教育、文化等方面,使用人均教育支出(X_5)、医院数量(X_6)、中小学数量(X_7)、每百人公共图书馆藏书量来衡量(X_8);就业因素是劳动力流动的重要影响因素,使用城镇单位平均在岗工资(X_9)和城镇失业率(X_{10})来衡量;基础设施因素建成区绿化覆盖率(X_{11})、公共交通客运总量(X_{12})表示;互联网发展因素使用国际互联网接入户数(X_{13})表示。东北地区劳动力外流宏观影响因素指标体系具体如表 6-1 所示,东北地区劳动力外流影响因素指标体系确定流程如图 6-1 所示。

表 6-1　东北地区劳动力外流宏观影响因素指标体系

一级指标	二级指标	指标解释
经济发展	人均地区生产总值(X_1)	衡量一个地区的经济社会发展水平
产业结构	第一产业占地区生产总值的比重(X_2)	第一产业产值/地区生产总值
	第二产业占地区生产总值的比重(X_3)	第二产业产值/地区生产总值
	第三产业占地区生产总值的比重(X_4)	第三产业产值/地区生产总值

表 6-1(续)

一级指标	二级指标	指标解释
公共服务	人均教育支出(X_5)	教育支出/常住人口数量
	医院数量(X_6)	衡量地区医疗水平
	中小学数量(X_7)	衡量地区教育资源
	每百人公共图书馆藏书量(X_8)	衡量地区文化资源
就业	城镇单位在岗职工平均工资(X_9)	衡量一个地区的工资水平
	城镇失业率(X_{10})	衡量一个地区的就业状况 失业人数/(失业人数+就业人数)
基础设施	建成区绿化覆盖率(X_{11})	衡量地区生活环境水平
	公共交通客运总量(X_{12})	衡量地区交通基础设施建设
互联网发展	国际互联网接入户数(X_{13})	衡量地区互联网发展水平

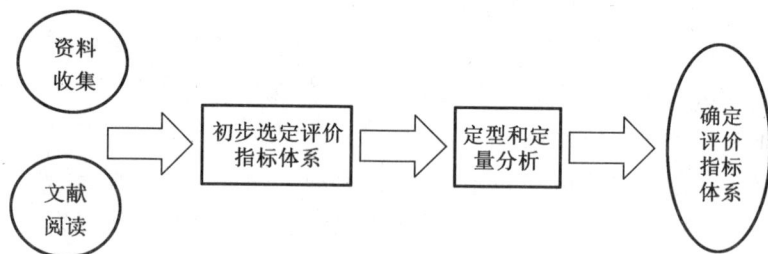

图 6-1 东北地区劳动力外流影响因素指标体系确定流程图

第三节 数据来源及样本选择

一、数据来源

本章主要研究东北地区劳动力外流的影响因素,主要从宏观因素层面进行分析。宏观因素包括流出城市经济特征和公共服务特征等,包括人均地区生产总值、第二产业占地区生产总值的比重、第三产业占地区生产总值的比重、城镇单位在岗职工平均工资、城镇失业率、每百人公共图书馆藏书量、人均教育支出、人均社会保障支出、医院数量、建成区绿化覆盖率、公共交通客运总量等宏观指标,经济变量按照相关研究惯例将社会性公共服务提供及其他城市特征变量统一滞后一期,选择社会性公共服务提供及其他城市特征数据。各城市经济变量数据主要来源为《城市统计年鉴》,并使用《国民经济与社会发展统计公报数》进行补充。

二、样本选择

本部分研究样本主要为黑龙江、吉林、辽宁三个省份。选择 2015—2019 年共 5 年的城市面板数据,剔除了有缺失值的数据,最终数据量为 170 个城市样本。全部样本中黑龙江省城市数量 12 个;吉林省城市数量 8 个;辽宁省城市数量 14 个,共 34 个城市,170 个样本。

第四节　模型的设定

一、PLS 模型的基本原理

PLS(Partial Least-Squares Method)即偏最小二乘法,是一种新型的多元线性回归方法。在利用 PLS 方法建立模型的过程中,通过对样本数据的分解和筛选,提取了对因变量解释性最强的综合变量,克服了多个自变量对因变量的多重影响。人口、经济和技术因素间通常存在多重共线性问题,为得到有效的回归结果,一般研究采用偏最小二乘回归法(PLS)。偏最小二乘回归法结合了多元线性回归、主成分分析以及典型相关分析的特点,与普通最小二乘法的主要区别在于,它可以筛选和提取系统中对因变量影响最大的主要成分,并且识别回归过程中的有效信息。偏最小二乘回归法经过构建数据集、提取成分、循环算法至满意精度、回归等主要步骤、方法提取成分来达到有效建模。因此 PLS 模型能够有效解决样本数据少且自变量间又存在多重相关性样本的问题。

二、PLS 建模思路

设被解释变量 Y 的 P 个解释变量构成一个 P 维的自变量集合 $X=[x_1,x_2,\cdots,x_n]$，为了研究被解释变量与解释变量之间的相关关系，采集了 n 个样本点，由其构成了一个 n 维的自变量组成的 $n\times p$ 维的观测矩阵，即 $X=[x_1,x_2,\cdots,x_n]_{n\times p}$。PLS 方法首先从矩阵 X 中提取第一个成分 t_1，并要求第一个成分中尽可能多地反映出解释变量集合 X 中的变异信息，并且要达到与 Y 的相关程度最大。这样 t_1 就能够很好的综合 X 的信息，并对被解释变量 Y 有最强的解释能力。在成分 t_1 被提取后，PLS 分别实施 X 对 t_1 的回归和 Y 对 t_1 的回归，如果回归方程能够达到满意的精度，算法终止。否则，将用 X 中被 t_1 解释后剩余的信息进行第二次成分提取，如此循环迭代，直到回归方程能够达到满意的精度为止。

三、PLS 模型选择

本书之所以采用 PLS 方法构建东北地区劳动力外流影响因素模型主要是基于以下几个方面的考虑：一是 PLS 模型对数据量的要求较低，样本数量处于 $30\sim200$ 就可进行计算，由于东北地区城市数量 34 个，选择 5 年的面板数据，样本量共 170 个；二是 PLS 模型没有要求数据服从正态分布，从而降低了构建模型的门槛，由于数据量相对较少，数据存在非正态分布的可能性较大；三是 PLS 模型融合了多种统计学方法，如主成分分析、多元回归分析，以及相关分析等；四是 PLS 模型可以较好地处理多重共线性问题。表 6-2 表明各解释变量之间存在严重的多重共线性关系，这种情况下，使用普通最小二乘法（OLS）拟合出来的模型结论与现实相差较大，从而导致模型解释无效，所以采用偏最小二乘回归方式是有必要且有效的。

表6-2　解释变量间的相关系数矩阵

变量	X_1	X_2	X_3	X_4	X_5	X_6	X_7	X_8	X_9	X_{10}	X_{11}	X_{12}	X_{13}
X_1	1												
X_2	-0.660**	1											
X_3	0.651**	-0.822**	1										
X_4	0.066	-0.367**	-0.228**	1									
X_5	0.465**	-0.353**	0.326**	0.072	1								
X_6	0.207**	-0.145	0.025	0.207**	0.076	1							
X_7	0.328**	-0.295**	0.120	0.309**	0.277**	0.507**	1						
X_8	0.468**	-0.296**	0.161*	0.245*	0.131	0.142	0.110	1					
X_9	0.532**	-0.384**	0.139	0.431**	0.381**	0.137	0.316**	0.400**	1				
X_{10}	0.492**	-0.299**	0.231**	0.132	0.183*	0.057	0.196*	0.298**	0.233**	1			
X_{11}	0.589**	-0.435**	0.145	0.508**	0.179*	0.482**	0.501**	0.520**	0.517**	0.267**	1		
X_{12}	0.310**	-0.194*	0.219**	-0.025	-0.000	-0.049	-0.125	0.261**	0.182*	0.079	0.154*	1	
X_{13}	0.294**	-0.204**	-0.019	0.381**	0.156*	0.314**	0.477**	0.276**	0.498**	0.234**	0.591**	0.000	1

*表示$p<0.05$；**表示$p<0.01$。

第五节 基于 PLS 模型的实证分析

一、指标标准化

由于人均生产总值、各产业占 GDP 比重、人均教育支出、医院数量、评价工资、国际互联网接入户数、建成区绿化覆盖率等指标数值单位不一,无法进行有效比较。因此,为降低量纲导致的结果不准确性,对上述指标进行无量纲化处理,具体计算公式如下所示:

正向指标:

$$Y = (x - \text{MinValue}) / (\text{MaxValue} - \text{MinValue})$$

逆向指标:

$$Y = (\text{MaxValue} - x) / (\text{MaxValue} - \text{MinValue})$$

式中,x 是评价指标的原始数据,MaxValue 和 MinValue 是评价指标所有样本中的最大值与最小值,Y 是评价指标无量纲化后的数值。对标准化的数据进行描述性统计分析,结果具体如表 6-3 所示。

表 6-3 数据标准化后的描述性统计分析

指标	N	极小值	极大值	均值	标准差
人均地区生产总值(X_1)	170	0.000	1.000	0.277	0.242
第一产业占地区生产总值的比重(X_2)	170	0.000	1.000	0.318	0.272
第二产业占地区生产总值的比重(X_3)	170	0.000	1.000	0.465	0.212
第三产业占地区生产总值的比重(X_4)	170	0.000	1.000	0.443	0.180
人均教育支出(X_5)	170	0.000	1.000	0.509	0.198
医院数量(X_6)	170	0.000	1.000	0.110	0.129
中小学数量(X_7)	170	0.000	1.000	0.249	0.221
每百人公共图书馆藏书量(X_8)	170	0.000	1.000	0.140	0.151

表 6-3(续)

指标	N	极小值	极大值	均值	标准差
城镇单位在岗职工平均工资(X_9)	170	0.000	1.000	0.280	0.167
城镇失业率(X_{10})	170	0.000	1.000	0.508	0.213
建成区绿化覆盖率(X_{11})	170	0.000	1.000	0.592	0.208
公共交通客运总量(X_{12})	170	0.000	1.000	0.150	0.225
国际互联网接入户数(X_{13})	170	0.000	1.000	0.108	0.132

二、共线性诊断

首先对变量之间的相关性进行分析,根据表 6-2 可知,人均地区生产总值与 11 个变量之间的相关系数呈现出显著性,说明自变量之间存在严重的多重共线性关系。所以有必要对模型进行改进,消除共线性的影响,主要采用偏最小二乘法 PLS 模型来消除共线性。

三、确定主成分数量

PLS 回归首先要根据多项指标综合确定主成分数量。在之前的分析中已经提到 PLS 模型分析通常需要提取前面的 h 个成分 $t_1, t_2 \cdots, t_h$ 就可以得到一个稳定而可靠的模型,但既要保证所提取的 h 个成分有着最强的解释能力,又要使其能够克服变量之间多重共线性的问题。在确定主成分数量时,通常采用交叉有效性分析指标和变量投影重要性指标。

交叉有效性的判断公式如下所示:

$$Q_h^2 = 1 - \frac{\text{PRESS}_h}{\text{SS}_h}$$

式中,PRESS 为交叉残差平方和,SS 为残差平方和,具体计算公式如下所示:

$$\text{PRESS}_h = \sum_{i=1}^{n} (y_i - \hat{y}_{h(-i)})^2$$

$$\text{SS}_h = \sum_{i=1}^{n} (y_i - \hat{y}_{h(i)})^2$$

其中,h 是对 X 提取主成分的次数;$\hat{y}_{h(-i)}$ 是先删去样本点 i,取 h 个成分建模,用此模型计算的 y_i 拟合值;$\hat{y}_{h(i)}$ 是使用全部样本点并取 h 个成分建模,第 i 个样本点的拟合值。

如果 Q_h^2 值小于等于 0.097 5,则说明继续加大主成分个数无意义,即该点(或上一点)对应的成分个数为最佳主成分个数;如果 Q_h^2 值全部大于 0.097 5,此时建议结合 VIP 投影重要性分析得出最佳主成分个数。

判断主成分数量的另外一个指标是变量投影重要性 VIP,这个指标描述了自变量对因变量的解释能力及其重要程度。第 j 个自变量的 VIP_j 的计算公式如下所示:

$$\text{VIP}_j = \sqrt{\frac{p}{R_d(y;u_1,u_2,\cdots,u_m)} + \sum_{h=1}^{m} R_d(y;u_h) W_{hj}^2}$$

其中,$R_d(y;u_h)$ 表示 u_h 对 y 的解释能力,$R_d(y;u_1,u_2,\cdots,u_m)$ 表示 $u_1,u_2,\cdots,u_m$ 对 y 的累计解释能力。这个指标越大,说明该解释变量对被解释变量越重要。一般来说,当 VIP 指标大于 1 时,说明该自变量对因变量非常重要;VIP 指标大于 0.8 时,说明自变量有较高的解释力度;VIP 指标介于 0.5~0.8,说明该自变量的作用不是很明确,当 VIP 小于 0.5 时,说明该自变量基本没有作用。如果增加主成分时 VIP 没有明显上升,则意味着主成分没有必要再增加。

投影重要性如表 6-4 所示,1 个主成分增加到 2 个主成分时,多数变量的 VIP 有所增加。从 2 个主成分增加到 3 个主成分时,VIP 值仍有所增加。从 3 个主成分增加到 4 个主成分时,增加幅度比较小,所以最佳成分为 3 个。

同时,从表 6-4 中可以还可以看出,自变量的 VIP 值几乎均在 0.8 以上,说明自变量有较高的解释力度。其中,人均教育支出(X_5)、建成区绿化覆盖率(X_{11})、公共交通客运总量(X_{12})、人均地区生产总值(X_1)、国际互联网接入户数(X_{13})对于解释东北地区劳动力外流问题非常重要。

表 6-4　投影重要性指标汇总表

变量	1 个主成分时	2 个主成分时	3 个主成分时
X_1	0.886	0.902	1.086
X_2	0.366	0.561	0.887
X_3	0.016	0.229	0.572

表 6-4(续)

变量	1 个主成分时	2 个主成分时	3 个主成分时
X_4	0.601	0.667	0.642
X_5	2.341	2.174	2.079
X_6	0.595	0.681	0.825
X_7	0.484	0.553	0.886
X_8	0.156	0.739	0.829
X_9	0.191	0.765	0.834
X_{10}	0.315	0.567	0.642
X_{11}	1.726	1.489	1.427
X_{12}	1.317	1.274	1.220
X_{13}	0.882	0.869	1.031

四、PLS 回归结果分析

进行 PLS 回归之后,模型的回归系数如表 6-5 所示。

表 6-5　回归系数表

变量	迁移率/%	迁移率(标准化)/%
常数	0.398	0.000
X_1	0.020	0.080
X_2	−0.003	−0.014
X_3	0.002	0.008
X_4	0.004	0.011
X_5	−0.046	−0.151
X_6	0.002	0.004
X_7	0.007	0.025
X_8	0.018	0.045
X_9	0.016	0.044

表 6-5（续）

变量	迁移率/%	迁移率(标准化)/%
X_{10}	−0.010	−0.036
X_{11}	0.026	0.089
X_{12}	0.011	0.042
X_{13}	0.015	0.033

从回归系数的大小来看,城市的人均地区生产总值是影响东北地区劳动力外流最为主要因素。

城市的人均地区生产总值每增加1%,东北地区劳动力减少外流0.08%。城市的第一产业占地区生产总值比重是促进东北地区劳动力外流的重要因素。第一产业占地区生产总值比重每增加1%,东北地区劳动力外流增加0.014%。这也说明随着农业产业现代化的扩大和发展,农村剩余劳动力增加,农业产业比重高的地区,剩余劳动力相对较多,劳动力外流相对增加。城市的第二产业占地区生产总值比重是减少东北地区劳动力外流的因素。第二产业占地区生产总值比重每增加1%,东北地区劳动力外流减少0.008%。城市的第三产业占地区生产总值比重是减少东北地区劳动力外流的因素。第三产业占地区生产总值比重每增加1%,东北地区劳动力外流减少0.011%。这说明第二产业和第三产业能够创造更多的就业岗位,能够留住更多的劳动力在本地工作。

人均教育支出每增加1%,东北地区劳动力外流增加0.151%;医院数每增加1%,东北地区劳动力外流减少0.004%;中小学数量每增加1%,东北地区劳动力外流减少0.025%;每百人公共图书馆藏书量每增加1%,东北地区劳动力外流减少0.045%。城市提供的公共服务越多,相对来说劳动力外流有所减少。

城镇单位在岗职工平均工资每增加1%,东北地区劳动力外流减少0.044%;城镇失业率每增加1%,东北地区劳动力外流增加0.036%。工资水平越高越吸引劳动力流入,相反,工资水平越低越容易让劳动力流出。劳动力往往更倾向流入就业岗位更多的地区,所以城市的失业率对劳动力流动产生影响。东北地区城市失业率越高,劳动力越容易外流。

建成区绿化覆盖率每增加1%,东北地区劳动力外流减少0.089%;公共交通客运总量每增加1%,东北地区劳动力外流减少0.042%。劳动力流动也考虑城市的基础设施水平,基础设施水平越高,交通越发达,城市绿化环境越好,越容易留住劳动力,减少劳动力外流。

国际互联网接入户数每增加 1%,东北地区劳动力外流减少 0.033%。互联网的发展推动了数字经济的快速发展,而数字经济的发展也创造了新的就业岗位,对劳动力的需求发生了变化,也促进了劳动力的流动。

第六节　本 章 小 结

本章使用 2015—2019 年《中国城市统计年鉴》以及各省市年鉴数据,实证研究影响东北地区劳动力外流的宏观因素。本章主要采用偏最小二乘法(PLS)构建模型,分析各宏观因素对东北地区劳动力流动产生的影响。

研究结果验证了本章第一节提出的研究假设。研究结论也具有一定的政策含义,东北地区需要进一步发展经济、优化产业结构、提高居民公共服务水平等,以更好地留住和吸引劳动者在当地工作。

第七章 东北地区劳动力外流影响因素实证分析——基于微观层面分析

本章在宏观影响因素分析的基础上,从微观视角切入,研究东北地区劳动力外流的影响因素,主要从劳动者个体特征、流动特征、社会特征三个方面进行定量分析,通过二元 logistic 回归模型分析劳动者个体微观因素对东北地区劳动力外流的影响情况。

第一节 数据来源及样本选择

一、数据来源

本章主要研究东北地区劳动力外流的影响因素,主要从微观因素层面进行分析。微观因素主要包括劳动者个体特征、家庭特征、流动特征和社会特征。本书样本来自国家卫生健康委流动人口数据平台提供的 2015—2018 年全国流动人口动态监测调查数据。该数据按照随机原则在全国 31 个省(自治区/直辖市)和新疆生产建设兵团抽取样本点,开展抽样调查。调查对象为在流入地居住一个月以上,非本区(县/市)户口的 15 周岁以上流入人口。其中,2018 年监测调查数据以 2017 年全国流动人口年报数据为基本抽样框,采取分层、多阶段、与规模成比例的 PPS 方法进行抽样,调查的总样本量约 15.2 万人;2017 年监测调查数据以 2016 年全国流动人口年报数据为基本抽样框 2017 年调查样本量约为 17 万人,2016 年调查样本量约为 16.9 万人,2015 年调查样本量达到 20 万人,样本数据量大,结果具有广泛的代表性。

二、样本选择

本章研究样本的确定进行了四次数据筛选。

1. 户籍地的筛选

在 2015—2018 年全国流动人口动态监测调查的全部样本中筛选户籍地为黑龙江、吉林、辽宁三个省份的样本,保证样本为东北三省的流动人口。

2. 筛选流动时间

仅选择在调查上一年发生流动的样本,作为本研究的基础数据,主要因为流动时间过早的样本对于研究当前东北地区劳动力外流问题没有作用。

3. 劳动力样本的筛选

根据对劳动力年龄的规定,剔除了年龄在 15 岁以下,65 岁以上的样本,同时考虑劳动力的劳动能力问题,剔除收入和支出为 0 的样本。

4. 流动范围的筛选

由于本部分主要研究东北地区劳动力外流的影响因素,研究对象应是进行跨省流动或者跨市流动,所以剔除市内跨县流动和跨境流动的样本。在此基础上,剔除有缺失值和异常值的数据,最终得到 4 380 个样本。全部样本中黑龙江省 2 179 个样本,占总样本量的 49.75%;吉林省 1 234 个样本,占总样本量的 28.17%;辽宁省 967 个样本,占总样本量的 22.08%。

考虑本书研究的主题为东北地区劳动力外流问题,所以在本章把东北地区作为一个整体进行分析,按照劳动力流动的范围进一步分类,将东北地区劳动力流动划分为东北地区内部的流动和向东北地区以外的省份流动两个类别。具体来说,黑龙江省劳动力流动到辽宁省,则为东北地区内的流动,而只有东北三省劳动力向黑龙江、吉林、辽宁以外的省份流动为区域外流动。在 4 380 个样本中,东北区域内劳动力流动的样本量为 3 168 个,占总样本量的 72.33%,向区域外流动的样本量为 1212 个,占总样本量的 27.67%。

第二节　变量的选取及说明

一、被解释变量的选取

本章主要研究东北地区劳动力流动问题的影响因素,被解释变量定义为东北地区劳动力流动,主要衡量东北地区劳动力向其他区域流动情况,使用数据控中"流动范围"这一指标进行计算。包括东北区域内流动和东北区域外流动,使用调查数据中流动范围选项来衡量,将劳动力在东北区域外的流动赋值为1,劳动力在东北区域内的流动赋值为0。

二、解释变量的选取

(一)个体特征

劳动力的个体特征主要包括性别、年龄、户口性质、受教育程度、婚姻状况等方面。性别根据调查问卷结果,男性赋值为1,女性赋值为0。年龄则根据调查问卷中出生年份计算求得,具体为2018年调查中,劳动者年龄为2018减去出生年份,计算得到。户口性质在调查中包括6个类别,赋值中将现统计登记为居民,之前为农业和非农业、居民、其他这几类统计归为非农业,赋值为1,农业户口赋值为0。受教育程度则根据问卷统计结果将未上学到研究生分别赋值1~7。婚姻状况则将未婚、离婚、丧偶、同居归为未婚赋值为0,初婚和再婚归为已婚,赋值为1。

(二)流动特征

劳动力的流动特征主要包括流动原因和流动意愿两个方面。劳动力流动原因是研究东北地区劳动力外流的重要因素,调查中将劳动力流动的原因分为务工/工作、经商、家属随迁(照顾自家老人、照顾自家小孩、其他家属随迁)、婚姻嫁娶、拆迁搬家、投靠亲友、学习培训、参加、出生、异地养老、其他,共11个方面,研究中将务工/工作、经商两类归为工作原因流动,赋值为1,其他类别归为非工作意愿,赋值为0。劳动力的流动意愿使用调查问卷中"今后一段时间,您是否打算继续留在本地?"题项测度,回答是则赋值为1,回答否和没想好则赋值为0。

(三)社会特征

劳动力的社会特征主要包括家庭收入、家庭支出、从事职业、医疗保险参保情况四个方面。家庭收入和家庭支出是衡量一个家庭经济水平的重要指标,而家庭经济状况也是影响劳动力流动的重要原因。使用调查问卷中"过去一年,您家平均每月总收入为多少?""过去一年,您家平均每月总支出为多少?"这两个题项来测度家庭经济特征。调查问卷结果显示劳动者从事的职业种类非常多样化,本书在研究中将劳动者职业进行了分类,以便于后续分析。医疗保险参保情况能够体现劳动者目前所处的社会保障水平,本书对劳动者参与城镇居民基本医疗保险、新型农村合作医疗、城镇居民基本医疗保险、城镇职工医疗保险、公费医疗情况进行了统计,劳动者参与任意一种医疗保险被定义为参与,赋值为1,以上5种医疗保险均未参与则赋值为0。

具体内容如表7-1所示。

表7-1 微观影响的变量解释及赋值

变量类型	变量名称	变量解释
被解释变量	劳动力流动	向东北地区以外地区流动=1 在东北地区范围内流动=0
个体特征	性别	男=1,女=0
	年龄	单位:岁
	户口性质	农业=0 非农业=1
	受教育程度	未上过小学=1,小学=2,初中=3,高中/中专=4,大学专科=5,大学本科=6,研究生=7
	婚姻状况	未婚(含未婚、离婚、丧偶、同居)=0; 已婚(含初婚、再婚)=1
流动特征	流动原因	工作原因(务工/工作、经商)=1; 非工作原因(家属随迁、婚姻嫁娶、拆迁搬家、投靠亲友、学习培训、参加、出生、异地养老、其他)=0
	流动意愿	留在本地=1;不留在本地/不确定=0

表 7-1(续)

变量类型	变量名称	变量解释
社会特征	家庭月收入	过去一年,您家平均每月总收入为多少? 单位:元
	家庭月支出	过去一年,您家平均每月总支出为多少? 单位:元
	从事职业	专业技术及办事人员(包含国家机关、党群组织、企事业单位负责人,专业技术人员,公务员、办事人员和有关人员)=1; 商业服务业人员(包括经商、商贩、餐饮、家政、保洁、保安、装修、快递、其他商业服务业人员)=2; 农业及产业工人(包含农、林、牧、渔、水利业生产人员,生产,运输,建筑,其他生产、运输设备操作人员及有关人员)=3; 其他(包括无固定职业、其他)=4; 未填写职业=5
社会特征	医疗保险 参保情况	否(不享有任何一种医疗保险)=0; 是(享有城镇居民基本医疗保险、新型农村合作医疗、城镇居民基本医疗保险、城镇职工医疗保险、公费医疗中至少一种)=1

第三节　模型的设定

本节以东北三省为特定的研究区域,选取东北地区流动劳动力为研究对象,研究东北地区劳动力流动问题的影响因素。被解释变量定义为东北地区劳动力流动,包括东北三省区域内流动和东北三省区域外流动两种形式,将东北三省区域外流动赋值为1,东北三省区域内流动赋值为0。根据变量选择及理论模型分析,本节采用二元 logistic 回归模型进行实证分析,以了解影响东北地区劳动力外流的微观影响因素。二元 logistic 模型是适用于因变量为两分变量的回归分析,在劳动力流动的研究中被广泛应用。

二元 logistic 回归为概率型非线性回归模型,是研究二分类观察结果与一些影响因素之间关系的一种多变量分析方法。根据二元 logistic 模型的定义,模型的被解释变量是东北地区劳动力流动,即东北区域外流动与东北区域内流动(东北区域外流动=1,东北区域内流动=0)。影响东北地区劳动力流动的因素即解释变量,包括样本的性别、年龄、户口性质、受教育程度、婚姻状况、流动原因、流动意愿、家庭月收入、家庭月支出、从事职业、医疗保险参保情况 11 个,分别设为 $X_1, X_2, \cdots, X_{11}$,p 代表东北地区劳动力省外流动的概率,β_0 表示截距项,$\beta_1, \beta_2, \cdots, \beta_{11}$ 分别为 11 个相应影响因素的回归系数。Logistic 回归模型概率函数为

$$y = \ln \frac{p}{1-p} = \beta_0 + \sum_{k=1}^{n} \beta_k x_k$$

$$p = \exp(\beta_0 + \sum_{k=1}^{n} \beta_k x_k)/1 + \sum_{k=1}^{n} \beta_k x_k$$

式中,β_0 为常数项;$\beta_k(k=1,2,\cdots,n)$ 为 Logistic 回归模型的偏回归系数,如果其他条件不变,偏回归系数 $\beta_k(k=1,2,\cdots,n)$ 则表示变量对 Logit(p) 的影响程度;$X_k(k=1,2,\cdots,n)$ 是影响东北地区劳动力外流的第 k 个因素。

第四节　实证结果分析

一、描述性统计

在 4 380 个样本中,流动到东北三省区域外的劳动力样本共有 3 168 人,占 72.33%,流动到省内共 1 212 人,占 27.67%。4 380 个样本频数统计结果如表 7-2 所示,东北三省劳动力外流影响因素实证分析变量的描述统计结果如表 7-3 所示。

表 7-2　各变量频数统计结果

变量名称	分类	频数	占比/%
性别	男	2 279	52.03
	女	2 101	47.97
年龄	16~30 岁	2 152	49.13
	31~45 岁	1 458	33.29
	45~55 岁	532	12.15
	55~65 岁	238	5.43

表 7-2（续）

变量名称	分类	频数	占比/%
户口性质	农业	3 005	68.61
	非农业	1 375	31.39
受教育程度	未上过小学	26	0.59
	小学	370	8.45
	初中	2 035	46.46
	高中/中专	956	21.83
	大学专科	566	12.92
	大学本科	409	9.34
受教育程度	研究生	18	0.41
婚姻状况	未婚	1 822	41.60
	已婚	2 558	58.40
流动原因	工作原因	3 946	90.09
	非工作原因	434	9.91
流动意愿	留在当地	2 729	62.31
	继续流动	1 651	37.69
家庭月收入	2 000 元及以下	239	5.46
	2 001~5 000	2 386	54.47
	5 001~8 000	885	20.21
	8 001~10 000	227	5.18
	10 000 以上	149	3.40
家庭月支出	2 000 及以下	1 966	44.89
	2 001~5 000	2 159	49.29
	5 001~8 000	192	4.38
	8 000 以上	63	1.44
从事职业	专业技术及办事人员	482	11.00
	商业服务业人员	2 541	58.01
	农业及产业工人	741	16.92
	无固定职业及其他	141	3.22
	未填写职业	475	10.84
医疗保险参保情况	参保	3 448	78.72
	未参保	932	21.28

表7-3 各变量的描述性统计结果

序号	变量名称	样本量	最小值	最大值	平均数	标准差
1	性别	4 380	0.000	1.000	0.520	0.500
2	年龄	4 380	16.000	65.000	34.071	10.930
3	户口性质	4 380	0.000	1.000	0.314	0.464
4	受教育程度	4 380	1.000	7.000	3.677	1.136
5	婚姻状况	4 380	0.000	1.000	0.584	0.493
6	流动原因	4 380	0.000	1.000	0.901	0.299
7	流动意愿	4 380	0.000	1.000	0.623	0.485
8	家庭月收入	4 380	200.000	100 000.000	5 236.456	3 756.910
9	家庭月支出	4 380	101.000	30 000.000	2 774.184	1 809.278
10	从事职业	4 380	1.000	5.000	2.449	1.088
11	医疗保险参保情况	4 380	0.000	1.000	0.787	0.409

二、东北地区劳动力流动微观因素二元 Logistic 回归分析

(一)模型回归结果和拟合优度检验

对于模型的检验,本文选取 Hosmer-Lemeshow 拟合优度检验。在 Hosmer-Lemeshow 拟合优度检验中,模型的 χ^2 值为 14.461,显著性为 0.071 大于 0.05,因而说明接受原定假设,即说明本次模型通过 HL 检验,模型拟合优度较好表明模型拟合的效果较好。所以,本书选取的回归模型可以很好地反映东北地区劳动力外流的微观影响因素。Hosmer and Lemeshow 拟合优度检验结果如表 7-4 所示。

表7-4 Hosmer-Lemeshow 拟合度检验

χ^2	df	Sig.
14.461	8	0.071

（二）回归分析结果

东北地区劳动力外流影响因素分析的二元 Logistic 回归分析结果具体如表 7-5 所示。

表 7-5　Logistic 模型回归结果

序号	变量	回归系数（B）	标准误（S.E.）	显著度（Sig.）
1	性别 X_1	0.089	0.071	0.214
2	年龄 X_2	0.002	0.004	0.590
3	户口性质 X_3	0.092	0.083	0.267
4	受教育程度 X_4	0.073	0.037	0.048
5	婚姻状况 X_5	0.034	0.086	0.687
6	流动原因 X_6	0.201	0.137	0.142
7	流动意愿 X_7	0.177	0.072	0.014
8	家庭月收入 X_8	−0.156	0.021	0.000
9	家庭月支出 X_9	0.232	0.043	0.000
10	从事职业 X_{10}	0.069	0.037	0.049
11	医疗保险参保情况 X_{11}	0.388	0.091	0.000
	截距项	−2.486	0.303	0.000

从表 7-5 可知,将性别、年龄、户口性质、受教育程度、婚姻状态、流动原因、流动意愿、收入、支出、职业、参保情况为自变量,而将流动范围作为因变量进行二元 Logistic 回归分析。从表 7-5 可知模型公式为

$$\ln(p/1-p) = -2.486 + 0.089 * X_1 + 0.002 * X_2 + 0.092 * X_3 + 0.073 * X_4 +$$
$$0.034 * X_5 + 0.201 * X_6 - 0.177 * X_7 - 0.156 * X_8 - 0.232 * X_9 +$$
$$0.069 * X_{10} + 0.388 * X_{11}$$

式中,p 代表东北地区劳动力向东北区域外流动为 1 的概率,$1-p$ 代表劳动力向东北区域外流动为 0 的概率。

根据回归结果分析,性别的回归系数值为 0.089,但是并没有呈现出显著性($p=0.214>0.05$),意味着性别并不会对东北地区劳动力外流产生影响关系。年龄的回归系数值为 0.002,但是并没有呈现出显著性($p=0.590>0.05$),意味着劳动

90

力年龄并不会对东北地区劳动力外流产生影响关系。户口性质的回归系数值为
0.092,但是并没有呈现出显著性($p=0.267>0.05$),意味着户口性质并不会对东北
地区劳动力外流产生影响关系。受教育程度的回归系数值为0.073,并且呈现出
0.05 水平的显著性($p=0.048<0.05$),意味着受教育程度会对东北地区劳动力外
流产生显著的正向影响关系。婚姻状态的回归系数值为0.034,但是并没有呈现出
显著性($p=0.687>0.05$),意味着婚姻状态并不会对东北地区劳动力外流产生影响
关系。

流动原因的回归系数值为 0.201,但是并没有呈现出显著性($p=0.142>$
0.05),意味着流动原因并不会对东北地区劳动力外流产生影响关系。流动意愿的
回归系数值为0.177,并且呈现出 0.05 水平的显著性($p=0.014<0.05$),意味着流
动意愿会对东北地区劳动力外流产生显著的正向影响关系。

收入的回归系数值为 -0.156,并且呈现出 0.01 水平的显著性($p=0.000<$
0.01),意味着收入会对东北地区劳动力外流产生显著的负向影响关系。支出的回
归系数值为0.232,并且呈现出 0.01 水平的显著性($p=0.000<0.01$),意味着支出
会对东北地区劳动力外流产生显著的正向影响关系。职业的回归系数值为0.069,
并且呈现出 0.05 水平的显著性($p=0.049<0.05$),意味着职业并不会对东北地区
劳动力外流产生影响关系。参保情况的回归系数值为0.388,并且呈现出 0.01 水
平的显著性($p=0.000<0.01$),意味着参保情况会对东北地区劳动力外流产生显著
的正向影响关系。

总结分析可知:受教育程度、家庭月支出、职业、参保情况会对东北地区劳动力
外流产生显著的正向影响关系,以及流动意愿、家庭收入会对东北地区劳动力外流
产生显著的负向影响关系。但是性别、年龄、户口性质、婚姻状态、流动原因并不会
对东北地区劳动力外流产生影响关系。

第五节 本章小结

本章利用 2015—2018 年全国流动人口动态监测调查数据,实证研究影响东北
地区劳动力外流的微观因素。本章主要采用二元 logistic 回归模型进行实证分析,
分析各微观因素对东北地区劳动力流动产生的影响。

研究结果显示,受教育程度、收入水平、医疗保险参保情况会对东北地区劳动

力外流产生显著的正向影响关系,流动意愿、家庭月支出会对东北地区劳动力外流产生显著的负向影响关系。研究结论也具有一定的政策含义,东北地区需要从多个方面进行调整,以减少劳动力的外流。

第八章　改善东北地区劳动力外流问题的政策建议

第一节　增加就业机会

一、加速产业发展

(一)振兴传统产业

东北地区的传统产业包括煤炭、钢铁、重化工等,在转型升级的过程中可以继续振兴传统产业,提高产业技术水平和附加值,提高企业盈利能力,从而增加就业机会、提高工资福利待遇,吸引劳动力留在当地,减少劳动力外流。具体来说,传统产业可以利用现代技术,更新和改进传统产业的工艺、设备和生产流程,提高产品的质量和效率。通过提供更高附加值的产品和服务,增强传统产业的市场竞争力。同时,传统产业需要进一步加强研发投入,改善传统产业的设计和功能,推出更有竞争力的产品,并进一步开拓新市场,扩大传统产业的销售渠道,拓展国内和国际市场,提高产品的知名度和影响力。传统产业的发展也需要建立品牌,提高品牌价值和知名度,提高产品的市场竞争力。同时,加强行业内合作和协作,共同推动产业的发展和创新。

(二)发展新兴产业

东北地区还可以发展新兴产业,如高新技术产业、新能源产业等,这些产业具有较高的附加值和利润,同时也需要大量的高素质劳动力,发展这些产业可以提高劳动力的就业机会和收入水平。政府可以采取措施,鼓励和支持企业进入东北地区,提供更多的就业机会,拓宽就业渠道。东北地区发展新兴产业需要关注技术创新,开发新技术和新产品,提高技术应用水平,提高企业的竞争力。新兴产业的企业也需要提高技术水平,需要有专业的人才支持,需要加强人才培养和引进,建立产学研合作机制,支持人才创业和创新。新兴产业还需要创新创业精神,鼓励企业家精神,提供支持和保障,鼓励有创意的人们成为新兴产业的创业者。为了更好的发展新兴产业,政府需要出台相应的政策,提供资金、税收和其他支持,激励企业发展新兴产业。企业也需要关注生态环境,注重环保和可持续发展,提高产品质量和企业形象,满足消费者的需求和实现自身的社会责任。

(三)发展本地企业

政府可以引导和支持本地企业的发展,提供税收优惠和资金补贴等政策,鼓励本地企业发展和壮大。企业可进一步扩大产业链条,加强本地企业的供应链和价值链,提高本地产业的附加值和竞争力。同时,可建立产业集群,增加本地产业的规模和优势,提高本地产业的发展水平和国际竞争力。本地企业加强技术创新和研发投入,提高本地企业的技术水平和创新能力,增强其市场竞争力。本地企业也应该关注产品质量和服务水平,增加消费者对本地企业提供产品的认可度和信任度,推动本地产业的发展。

二、吸引外部投资

吸引外部投资是一个增加一个城市或地区就业机会的有效方式。东北地区可从以下几个方面更好地吸引外部投资。

(一)提供优惠政策

政府可以通过提供税收减免、补贴和优惠等政策来吸引外部投资。这些政策可以降低企业的成本,促进企业的发展,从而为东北地区增加就业机会。政府可以为新的投资项目提供税收优惠,或者对某些行业提供特殊税收政策,以鼓励外部投资者来投资并创造就业机会。政府还可以减少对某些行业或投资项目的监管限制,放宽某些行业的外资限制或者降低某些项目的准入门槛,以吸引更多的外部投资者。政府也可以提供对新企业的启动资金,或者对某些行业的发展提供财政支持、低息贷款或者其他金融支持,来帮助外部投资者降低投资可能带来的风险。同时,政府可以通过减少官僚主义和行政审批的烦琐程度,简化申报手续,提高审批效率,为投资者提供更好的服务。政府可以提供土地和基础设施建设,以降低外部投资者的成本和风险。例如,政府可以提供土地使用权或者租赁土地,为新企业提供道路、电力、通信等基础设施建设。

(二)打造良好的营商环境

东北地区各城市政府可以通过以下方式打造良好的营商环境,以吸引外部投资。一是政府可以通过使用电子审批系统、建立一站式服务中心等方式来简化审批流程。二是政府公开政策和法规,提高信息透明度,使企业和投资者能够了解政策的内容和实施细则,从而更好地规划业务和投资。三是政府进一步加强司法保障,保障合法权益,加强法律执法,建立公平竞争的市场秩序。四是政府也有必要继续推行市场化改革,加强市场监管,促进市场竞争,打造公平竞争的市场环境。

(三)建立投资促进机构

东北地区各城市可以建立专门的投资促进机构,为外部投资者提供一站式服务。投资促进机构需要建立广泛的联系网络,包括与当地政府、企业、行业协会、国际投资机构、贸易促进机构等建立联系,并积极参与各种商业活动,扩大机构的影响力。投资促进机构能够为投资者提供投资环境咨询、市场分析、行业调查、政策解读、项目对接、投资保障等服务,为外部投资者提供便利,吸引更多的投资进驻到东北地区。投资促进机构进一步加强宣传推广,包括通过各种媒体宣传、举办各种商业活动等方式,让更多的投资者了解机构的存在和机构服务的优势,不断吸引更多的投资者和项目,为当地经济发展做出贡献。

(四)加强宣传推广

东北地区可以通过各种宣传推广方式,如网站、媒体、展会、活动等,向外界展示自身的发展优势和潜力,吸引更多的投资来增加就业机会。具体来说,可以从以下方面开展。

1.制定城市品牌战略

城市品牌是城市的形象和文化的综合体现。制定城市品牌战略需要考虑城市的特色、文化、历史等因素,并进行市场分析和竞争对手分析,找出城市独特的优势,并加强对外宣传。

2.加强城市宣传

城市宣传可以从城市景观、城市历史文化、城市发展规划、城市配套设施等方面入手。通过城市介绍手册、城市宣传片、城市网站等方式进行宣传。东北地区各城市可以利用自身的地理位置、资源、人才和文化等优势,打造特色产业和品牌,让更多的人了解城市的特色和发展前景。

3.举办各类商业活动

政府可以组织商业论坛、投资交流会、城市峰会等,吸引投资者和企业家参加,让他们了解城市的发展情况,与城市的相关机构和企业进行交流,进一步提升城市知名度和影响力。

4.发挥城市代表性企业的作用

城市代表性企业是城市的形象代表,他们的发展情况可以反映出城市的实力和潜力,可以通过宣传城市代表性企业的发展情况和创新成果,向外界展示城市的创新力和投资价值。

5.加强网络宣传

在当今信息时代,网络宣传是非常重要的一种宣传手段。通过城市官网、社交媒体等方式进行网络宣传,让更多的人了解城市的特色和发展前景。

三、鼓励和支持创业创新

政府可以通过政策引导和资金扶持等方式,鼓励和支持东北地区的创业创新。通过这种方式,可以为年轻人提供更多的就业机会和创业空间。具体来说包括以下几个方面。

1.提供政策支持

政府可以通过制定各种政策,包括税收减免、财政支持、专利奖励等方式来支持和鼓励创新创业。

2.鼓励金融机构支持创新创业

政府可以鼓励金融机构提供金融支持,包括提供融资、股权投资、风险投资等方面的支持,促进创新创业的发展。

3.建立创新创业生态系统

政府可以为创新创业者提供一个良好的生态系统,包括提供场地、设施、资源等方面的支持,促进创新创业的发展。

4.各市级政府可以在当地建立企业孵化器和科技园,提供免费的办公场所、资金支持、技术咨询等服务吸引更多的创业者和企业进驻东北地区,也为当地创业者提供支持。

5.政府可以通过加强教育培训,提高创新创业者的素质和技能水平。

例如,政府可以为创新创业者提供创新创业课程、讲座等教育资源。政府也可以与其他国家或地区的创新创业者和组织进行合作,进行技术交流、创新创业合作等,推动地区企业和个人创新创业的发展。

第二节　建立人才引进、留用机制

一、制定人才引进的优惠政策

东北地区各城市可以建立人才引进、留用机制,出台引人、留人、用人优惠政策。出台政策需要充分考虑本地的经济发展现状、未来发展方向以及人才的需求和诉求。具体可以从以下方面展开。

1.税收优惠

政府可以为高科技企业和高端人才提供税收优惠,以鼓励他们到当地工作和投资。政府还可以提供个人所得税减免或豁免,以吸引优秀人才。

2.学术和科研支持

政府可以提供资金支持,以吸引优秀的科学家、工程师和技术人才到本地从事研究和创新活动。政府可以在高等教育领域提供奖学金和其他资助计划,以更好地吸引人才。

3.提供较好的薪资和福利

政府可以提供具有竞争力的薪资水平、奖金、津贴和福利,如住房补贴、医疗保险、养老保险、子女教育等,以吸引和留住优秀的人才。

二、扩大人才引进范围

东北地区可以将人才引进的范围扩大至海外,吸引优秀的海外人才到东北地区工作和生活。可以通过派遣工作组到海外进行招聘和宣传,或者通过海外人才招聘网站进行发布招聘信息等方式。城市要扩大人才引进范围,可以从以下几个方面入手。

1. 完善人才引进政策

城市应该制定更加灵活、包容、优惠的人才引进政策,包括居住证、户口落户、社会保险、税收减免等多种措施,吸引更多优秀的人才来到城市。

2. 拓展人才引进渠道

政府可以通过各种渠道拓展人才引进渠道,包括招聘会、人才交流会、网络招聘等多种方式,将人才引进范围拓展到全国乃至全球。

3. 引进高端人才

部分城市可以大力引进国内外高端人才,建立高端人才引进计划,提供更多的优惠政策和福利待遇,吸引高端人才加入城市发展大军。

三、加强人才培训

东北地区可以加强对引进人才的培训和职业发展支持,提高人才的适应能力和竞争力,促进其更快地融入当地企业和产业。加强人才培训,以更好地留住人才,可以从以下几个方面入手。

1. 建立人才培训体系

建立一套完整的人才培训体系,包括职业技能培训、职业素质提升培训、创新创业培训等多个方面,为不同领域的人才提供个性化的培训服务。

2. 提供优质的培训资源

政府可以积极引进优质的培训资源,包括高校、职业学校、行业协会等,与企业合作提供专业技能培训、管理培训、创新创业培训等服务。

3. 建立企业内训机制

鼓励企业建立自己的内训机制,通过内部员工培训、培训资料分享等方式,提升企业员工的技能和素质,提高企业的竞争力,同时也增强了员工对企业的归属感和忠诚度。

4.提供优惠政策

政府可以出台相关政策,鼓励和支持企业加强人才培训,如提供培训补贴、税收优惠等。不仅减轻了企业的培训成本,同时也增强了企业对人才的吸引力和留存能力。

综上所述,城市要加强人才培训,可以建立完整的培训体系,提供优质的培训资源,建立企业内训机制,提供优惠政策等多个方面入手,全面提升城市的人才培训水平,为留住优秀人才提供更好的保障。

四、加强人才管理

东北地区可以建立科学的人才管理机制,建立科学、规范的人才管理制度,包括人才引进、培养、评价、使用、激励、退出等各个环节的管理流程,确保人才管理工作有章可循、科学高效,有利于进一步提升城市的人才竞争力和吸引力,推动城市的经济社会发展。具体包括以下几个方面。

1.加强人才储备和引进

根据城市的经济发展需求和人才需求,加大人才储备和引进力度,采取多种方式引进高层次人才和急需紧缺人才,如招聘、选拔、引才计划、海外人才招聘等。

2.实施人才培养计划

为了适应城市经济发展需要,建立科学的人才培养计划,包括在职人员培训、专业技能培训、中高层次人才培养等多个方面,提升人才素质和能力水平。

3.建立人才评价机制

政府牵头各行业企业配合共同建立科学、公正的人才评价机制,采用多元化的评价方式,量化评价指标,鼓励人才自主创新,激发人才的创造力和潜力。

4.建立多元化的人才激励机制

建立科学、多元化的人才激励机制,采用多种方式鼓励和激励人才,包括薪资激励、职业晋升、技能提升、创新创业支持、荣誉奖励等,提高人才的积极性和创造性。

5.加强人才服务

建立多种形式的人才服务机制,为人才提供职业咨询、就业指导、生活服务、子女教育等全方位、一站式服务,使人才能够得到更好的发展,并愿意长期留在当地工作和生活。

综上所述,城市加强人才管理,需要从加强人才储备和引进、实施人才培养计划、建立人才评价机制、建立多元化的人才激励机制、加强人才服务等多个方面入手,以更好地留住人才。

五、加强人才资源整合

东北地区可以加强与其他省份、企业和高校等的合作,共享人才资源。促进东北地区的产业城市发展要加强人才资源整合,可以从以下几个方面入手。

1. 建立人才数据库

城市可以建立人才数据库,对各类人才信息进行系统整理和归纳,以便更好地管理和利用人才资源。可以从招聘平台、人才市场、社交网络、简历收集人才信息和数据,还可以通过调查问卷、面试和测试等方式来获取人才信息和数据。将个人基本信息、工作经历、教育背景、技能和证书信息录入数据库中,能够方便地存储和检索人才信息。还可以采用数据挖掘、统计分析和人才评估工具等方式评估人才的潜力和能力。人才库可以更好地识别和培养高潜力人才,为当地企业未来的发展提供支持。

2. 搭建人才服务平台

人才服务平台需要提供各种服务和资源,如招聘信息、人才培训、职业规划、职业咨询等。这些服务和资源需要针对不同人才需求进行分类和分级,以便用户可以快速找到所需信息和服务,便于各类企事业单位和人才之间的联系和沟通。人才评估工具是人才服务平台中的重要组成部分,可以通过多种方式来开发和应用评估工具,如能力测试、心理测评、职业兴趣测评等。评估工具的应用可以帮助企业和组织更好地了解人才的能力和潜力,从而更好地进行人才选拔、培养和管理。

3. 联合高校和研究机构进行人才培养

企业可以和高校、研究机构建立合作机制,通过合作协议、联合研究项目等方式进行深度合作,共同推进人才培养和科技创新。高校可以根据企业的需求,优化课程设置,增加课程的实践性和应用性,让学生更好地掌握应用知识和实践技能。企业可以向高校提供学生实习机会,让学生在实践中学习、探索和成长。同时,研究机构也可以为学生提供科研项目和实践机会,让学生参与科研活动,提高实践能力和科研能力。企业和高校、研究机构可以联合开展科技创新项目,共同解决现实问题,提高科技创新能力和水平。同时,科技创新项目也可以为学生提供实践和科研机会,促进学生的创新精神和实践能力。高校和研究机构可以建立联合实验室,共享科研设备和资源,开展科研项目,提高科研水平和创新能力。企业、高校、研究机构共同加强人才资源的整合和利用,提高城市的科技创新能力,更好地吸引和留住优秀人才。

4.推进产学研一体化

产学研一体化是促进科技创新和产业升级的有效手段,可以加速科技成果转化和推动产业发展。政府可以加强与企业、高校、研究机构之间的合作机制,建立科技创新联盟、产学研合作平台等,共同推进产学研一体化。政府进一步加大对科研和产业的资金支持力度,鼓励企业和高校投入更多的科技研发资金,提高产学研一体化的研发水平。政府可以提供科技服务,建立科技成果转化平台、技术咨询服务中心等,为企业和高校提供科技支持和服务。政府还需要主持建立科技创新生态圈,通过政策、资金、人才等多方面的支持,引导企业、高校和研究机构形成互补互利、协同发展的合作关系。政府加强技术标准化的推广和应用,促进企业、高校和研究机构之间技术交流和合作,提高产学研一体化的技术水平和产业水平。将产业需求和科技研究紧密结合,通过产学研合作,培养更多的高素质人才,为城市的经济社会发展提供更好的人才支持。

综上所述,东北地区各城市需要从建立人才数据库、搭建人才服务平台、联合高校和研究机构、推进产学研一体化等多个方面入手,全面加强人才资源的整合和利用,为城市的经济社会发展提供更好的人才支持,增加就业机会和发展空间,起到留人的重要作用。

第三节　优化就业环境

一、完善社会保障制度

东北地区可以建立健全的社会保障体系,提高社会保障的覆盖面和保障水平。

1. 政府可以进一步健全社会保险体系

社会保险体系包括社会医疗保险、养老保险、失业保险等,提高保障水平和覆盖范围,为劳动者提供更加全面、优质的保障。

2. 推行基本养老保险全国联网

政府可以推行基本养老保险全国联网,实现信息共享和管理优化,提高养老保险的效率和服务质量。

3. 增加失业保险金发放标准

政府可以适当增加失业保险金发放标准,提高失业人员的收入水平和生活保障。

4. 建立灵活就业人员社保制度

政府可以建立适应灵活就业形态的社保制度,保障灵活就业人员的基本权益,提高灵活就业的稳定性和安全性。

5. 加强医疗保障体系建设

政府可以加强医疗保障体系建设,提高医疗保障的覆盖范围和质量,减轻劳动者就医负担,提高就业者的健康水平和生产力。

以上方式将会更好地保障劳动者的福利待遇,增强他们留在当地工作的意愿。

二、实行公平就业

东北地区可以推行公平就业政策,保障劳动力的就业机会和职业发展空间。企业应该建立公正、透明的招聘机制,避免出现性别、种族、年龄等方面的歧视,招聘人员应该以岗位需求为基础,选择最合适的候选人。政府应鼓励多元化就业,为不同背景和群体的人才提供平等的就业机会,包括性别、年龄、民族、残疾等方面。政府加强对职业歧视的打击力度,确保劳动者在就业中享有平等的权利和机会。

三、加强劳动权益保障

东北地区可以加强对劳动力权益的保障,包括工资保障、劳动合同签订、工作时间限制等方面,通过加强劳动力市场监管来保护工人的权益和利益。

第一,政府应该建立健全的劳动力市场监管机制,确立监管职责、机构和受理程序,以确保监管工作的有效实施。

第二,政府应该加强劳动法律法规的宣传教育,提高劳动者对法律法规的认知程度,增强他们的法律意识和维权意识。

第三,政府应该建立完善的劳动标准和监测评估体系,确保企业的劳动条件和待遇符合国家和地方标准,维护劳动者的权益。

第四,政府应该加强对用人单位的监督检查,严厉打击用人单位违法用工行为,如非法招用童工、强迫加班等行为。

第五,政府应该建立劳动争议处理机制,提供仲裁、调解和诉讼等多种处理方式,及时、公正地解决劳动争议,维护劳动者合法权益。

第六,政府应该推动信息公开和监督参与,加强对劳动力市场信息的公开和透明度,促进社会各界对劳动力市场的监督和参与,提高监管的效力。

综上所述,加强劳动力市场监管需要建立健全的劳动力市场监管机制、加强劳动法律法规的宣传教育、建立完善的劳动标准和监测评估体系、加强对用人单位的监督检查、建立劳动争议处理机制和推动信息公开和监督参与等综合措施,以确保劳动者的权益得到保护并促进劳动力市场的稳定和可持续发展。

四、推进数字化转型

数字化转型是优化就业环境的重要举措,政府可以加快数字化转型进程,建设数字经济和数字就业平台,提供线上招聘、求职等服务,为就业者和用人单位提供更加便捷高效的服务。

1. 推进数字化招聘

建立数字化招聘平台,提供在线招聘、简历管理、面试评估等服务,让招聘流程更高效、公正和透明。

2. 加强数字技能培训

开展数字技能培训,提高劳动者的数字技能水平,增强他们的就业竞争力,帮助他们更好地适应数字化转型带来的变化。

3. 推广数字化办公

推广数字化办公,提供在线协作工具和远程办公设备,让劳动者可以更灵活地工作,提高工作效率和生产力。

4. 利用大数据分析就业市场

利用大数据技术分析就业市场,预测人才需求和劳动力供应,提高就业市场的透明度和效率,优化就业政策和服务。

5.建立数字化人才库

建立数字化人才库,集中管理和共享人才信息,提高人才的流动性和匹配度,促进企业和劳动者的良性互动。

6.推进在线创业就业

推进在线创业就业,提供数字化的创业培训、融资支持和营销渠道,帮助创业者更快地进入市场,创造就业机会。

综上所述,数字化转型可以通过推进数字化招聘、加强数字技能培训、推广数字化办公、利用大数据分析就业市场、建立数字化人才库和推进在线创业就业等措施,优化就业环境,提高就业市场的效率和公正度,促进就业的可持续发展。

总之,东北地区可以通过完善社会保障制度、实行公平就业、加强劳动权益保障以及推进数字化转型等措施优化东北地区就业环境,减少劳动力外流问题,促进当地经济的健康发展和社会稳定。

第四节　提高公共服务水平

提高地区的公共服务水平可以吸引更多的人才留在该地区工作和生活。优质的公共服务能够提高居民的生活品质和幸福感,同时也能满足企业和人才的需求,促进经济和社会的发展。

一、增加公共服务的投入

政府可以加大公共服务的投入,提高公共服务的覆盖范围和质量。

第一,政府可以加大财政支持力度,增加公共服务领域的资金投入,优先保障教育、医疗、公共交通、社会保障等民生领域的支出,确保公共服务设施的建设和运营经费充足。

第二,政府可以引导社会资本参与公共服务领域的建设和运营,通过 PPP(Public-Private-Partnership,政府和社会资本合作)等方式吸引社会资本投入,拓宽公共服务投融资渠道。

第三,政府可以优化财政资金的使用效益,加强预算管理、审计监督等措施,确保公共服务领域资金使用的公开、透明、规范,避免浪费和滥用。

公共服务领域的服务质量和效率也离不开人才资源的支撑,政府可以加大公共服务领域人才的引进、培养和管理,提高人才的素质和能力,为公共服务的发展提供有力支撑。

二、加强教育服务

教育是人才培养的重要环节,东北地区各级政府可以加大教育投入,提高学校的办学质量,扩大优质教育资源的覆盖面。政府可以建立教育考核机制,对各级教育机构进行评估,加强教师培训,提高教师教学水平,同时推广现代化的教育技术,提高教学效果。特别是加强职业教育和技能培训,为当地劳动力提供更多的职业发展机会和技能提升空间。同时,政府鼓励教育机构开展教育创新,如推广在线教育、跨学科教学、针对不同学生特点的个性化教育等。

三、改善医疗服务

改善医疗服务可以提高居民的健康水平和生命质量,政府可以加大医疗投入,提高医疗设施的数量和质量,增加医疗资源的配置,提高医疗服务的覆盖范围和质量。东北地区可以加大对医疗卫生事业的投入,提高医疗服务质量和水平,鼓励医疗机构和科研机构开展医疗创新,如推广远程医疗、数字化医疗等,推动医疗技术的发展和应用。政府应该加强对农村和贫困地区的医疗投入,提高医疗资源配置的公平性和均衡性,使更多的人能够享受到优质的医疗服务,特别是加强基层医疗卫生服务能力和建设,为当地劳动力提供更好的医疗服务保障。

四、加强城市基础设施建设

东北地区可以加强城市规划和建设,改善城市居住环境和公共设施建设,提高居住质量和生活舒适度,吸引劳动力留在当地。东北地区可以加大对交通运输设施的建设和改造,提高交通运输的便捷性和效率,缩短城乡间距离和时间成本,为劳动力提供更好的出行条件。公共交通是人们日常出行的重要方式,政府可以加大公共交通投入,优化公共交通线路和服务质量,提高交通设施的便利性和安全性,使居民的出行更加便捷和舒适。此外,东北地区部分城市还可以建立公共设施和娱乐设施等,为居民提供更多的就业机会。

五、加强公共服务的信息化建设

数字化转型可以提高公共服务的智能化程度和便利性,政府可以加强数字化建设,推广智慧城市平台和在线服务等数字化服务,提高公共服务的效率和质量。政府可以推进公共服务的信息化建设,提高公共服务的智能化程度和便利性。建立智慧城市平台,提供在线服务和数字化管理,让公共服务更加高效、快捷和便利。具体来说可以从以下几个方面开展。

1. 制定信息化建设规划

政府应该制定全面的公共服务信息化建设规划,明确信息化建设的目标、范围、时间表和实施方式。

2. 加强信息安全保障

政府应该加强对公共服务信息化系统的安全保障,建立健全的信息安全管理体系,完善信息安全技术手段,提高信息安全意识和能力。

3. 推广信息化技术

政府应该积极推广现代化的信息化技术,例如云计算、物联网、大数据、人工智能等,提高公共服务信息化的智能化和精细化水平。

4. 优化信息化服务体系

政府应该建立完善的公共服务信息化服务体系,提供便捷高效的公共服务,例如在线办事、电子支付、数据查询等。

5. 加强信息化人才培养

政府应该加强对信息化人才的培养和引进,提高公共服务信息化的人才水平,推动公共服务信息化的快速发展。

6. 提高信息化应用水平

政府应该鼓励各部门加强信息化建设和应用,提高信息化服务水平,优化公共服务流程,提高公共服务质量和效率。

总之,提高加强东北地区的公共服务信息化建设水平需要政府从多个方面进行综合推进,让公共服务更加普及、便捷、高效和优质,为留住人才和地区的可持续发展提供坚实的支撑。

六、加强公共服务管理

公共服务水平的提升需要政府加强公共服务管理的一系列措施和手段,具体包括以下三个方面。

1. 优化公共服务的管理体系

政府可以建立更加有效的公共服务管理体系,提高公共服务的运行效率和质量。例如,通过制定更加科学合理的政策和标准,提高公共服务的监管力度和管理水平,建立完善的服务评估机制,及时发现和解决公共服务存在的问题,增强公共服务的透明度和公正性。

2. 引进社会力量参与公共服务

政府可以引进社会力量参与公共服务,增强公共服务的多元性和灵活性。例如,鼓励社会组织、企业和个人参与公共服务,提供志愿服务、捐赠资金和物资等支持,促进公共服务的互助共享和公益性。

3. 加强公共服务的培训和队伍建设

政府可以加强公共服务的培训和队伍建设,提高公共服务的专业化和素质水平。例如,加强公共服务人员的职业培训和素质提升,建立完善的职业发展和激励机制,提高公共服务人员的工作积极性和责任感。

第五节　本 章 小 结

本章主要基于前文对于东北地区劳动力外流的影响因素分析,提出改善东北地区劳动力外流的政策建议,主要从增加就业机会、建立人才引进、留用机制、优化就业环境、提高公共服务水平四个方面开展分析。具体来说,增加就业机会主要从加速产业发展、吸引外部投资、鼓励和支持创新创业方面改进;建立人才引进、留用机制则从制定人才引进的优惠政策、扩大人才引进范围、加强人才培训、加强人才管理、加强人才资源整合方面努力;优化就业环境主要从完善社会保障制度、实行公平就业、加强劳动权益保障、推进数字化转型四个方面进行;提高公共服务水平需要增加公共服务投入、加强教育服务、改善医疗服务、加强城市基础设施建设。

参 考 文 献

[1] 陈媛媛,张竞,周亚红.工业机器人与劳动力的空间配置[J].经济研究, 2022,57(1):172-188.

[2] 程风雨.互联网普及对城市外来劳动力流入的影响:基于我国255个地级市的实证检验[J].技术经济与管理研究,2020(11):92-97.

[3] 段平忠.中国省际迁移人口的受教育程度差异对经济增长及地区差距的影响分析[J].中国地质大学学报(社会科学版),2013,13(3):115-121.

[4] 樊士德,金童谣.中国劳动力流动对城乡贫困影响的异质性研究[J].中国人口科学,2021(4):98-113,128.

[5] 樊士德,姜德波.劳动力流动与地区经济增长差距研究[J].中国人口科学, 2011(2):27-38,111.

[6] 樊士德.劳动力流动对欠发达地区产出效应的测算[J].中国农村经济,2011 (8):22-32.

[7] 范晓非,王千,高铁梅.预期城乡收入差距及其对我国农村劳动力转移的影响[J].数量经济技术经济研究,2013,30(7):20-35.

[8] 郭晓鸣,张克俊.让农民带着"土地财产权"进城[J].农业经济问题,2013,34 (7):4-11,110.

[9] 何炜.教育差异、公共服务提供与劳动力定居意愿[J].经济科学,2020(4): 84-96.

[10] 洪灏琪,宁满秀.医疗保险权益便携性是否降低了农村劳动力就业"锁定": 来自城乡居民医保统筹的准自然实验研究[J].农业技术经济,2020(11): 83-95.

[11] 黄善林,卢新海.土地制度对农村劳动力转移影响研究综述[J].中国地质大学学报(社会科学版),2010,10(5):22-27.

[12] 贾男,马俊龙.非携带式医保对农村劳动力流动的锁定效应研究[J].管理

世界,2015(9):82-91.

[13] 赖俊明,徐保红.贫困脆弱性对农户劳动力迁移的影响研究[J].数理统计与管理,2019,38(4):580-590.

[14] 李晓阳,黄毅祥.中国劳动力流动与区域经济增长的空间联动研究[J].中国人口科学,2014(1):55-65,127.

[15] 林理升,王晔倩.运输成本、劳动力流动与制造业区域分布[J].经济研究,2006(3):115-125.

[16] 刘军辉,张古.户籍制度改革对农村劳动力流动影响模拟研究:基于新经济地理学视角[J].财经研究,2016,42(10):80-93.

[17] 刘盛和,邓羽,胡章.中国流动人口地域类型的划分方法及空间分布特征[J].地理学报,2010,65(10):1187-1197

[18] 刘毓芸,徐现祥,肖泽凯.劳动力跨方言流动的倒 U 型模式[J].经济研究,2015,50(10):134-146.

[19] 柳建平.影响贫困地区农村劳动力流动决策因素的特征分析[J].人口与经济,2010(5):8-14.

[20] 鲁永刚,张凯.地理距离、方言文化与劳动力空间流动[J].统计研究,2019,36(3):88-99.

[21] 路少朋,商圆月.最低工资标准与低收入群体空间流动[J].山西财经大学学报,2022,44(6):1-13.

[22] 梅新想,刘渝琳.劳动力流动和政府保护的工资上涨效应[J].经济科学,2016(1):41-52.

[23] 潘静,陈广汉.家庭决策、社会互动与劳动力流动[J].经济评论,2014(3):40-50.

[24] 石智雷,吕琼琼,易成栋.职业水平流动和垂直流动对农民工城市融入的影响[J].中南财经政法大学学报,2016(6):22-29,84,159.

[25] 吴忠观.人口科学辞典[M].成都:西南财经大学出版社,1997.

[26] 夏怡然,陆铭.城市间的"孟母三迁":公共服务影响劳动力流向的经验研究[J].管理世界,2015(10):78-90.

[27] 肖群鹰,刘慧君.基于 QAP 算法的省际劳动力迁移动因理论再检验[J].中国人口科学,2007(4):26-33,95.

［28］ 徐张颖.经济增长对劳动力流动的影响机理及宏观政策研究：基于我国 31
个省面板数据研究［J］.特区经济,2016(5)：123-126.

［29］ 姚永玲,赵倚仟.高铁的空间溢出、劳动力流入与城市经济增长［J］.华东经
济管理,2022,36(4)：1-9.

［30］ 张海峰,林细细,梁若冰,等.城市生态文明建设与新一代劳动力流动：劳动
力资源竞争的新视角［J］.中国工业经济, 2019(4)：81-97.

［31］ 张莉,何晶,马润泓.房价如何影响劳动力流动？［J］.经济研究, 2017,52
(8)：155-170.

［32］ 张亚丽,方齐云.城市舒适度对劳动力流动的影响［J］.中国人口·资源与
环境,2019, 29(3)：118-125

［33］ 周天芸.数字普惠金融、要素价格与劳动力流动［J］.当代经济管理,2022,
44(4)：77-87.

［34］ 朱江丽,李子联.户籍改革、人口流动与地区差距：基于异质性人口跨期流
动模型的分析［J］.经济学(季刊), 2016,15(1)：797-816.

［35］ 曾龙,杨建坤.城市扩张、土地财政与农村剩余劳动力转移：来自中国 281 个
地级市的经验证据［J］.经济与管理研究,2020,41(5)：14-32.

［36］ ACEMOGLU D, AUTOR D. Skills, tasks and technologies：implications for
employment and earnings［J］. Handbook of Labor Economics, 2011, 4b
(16082)：1043-1171.

［37］ ACEMOGLU D, RESTREPO P. Artificial intelligence, automation and work
［J］. Social Science Electronic Publishing,2018.

［38］ ALEXOPOULOS, MICHELLE, COHEN, et al. The medium is the measure：
technical change and employment, 1909-1949［J］. Review of Economics and
Statistics,2016,98(4)：792-810.

［39］ ALITOR D,SALOMONS A. Is automation labor share-displacing? Productivity
growth, employment, and the labor share［J］. Brookings Papers on Economic
Activity,2018(1)：1-87.

［40］ ANDREA G, FABIANO C, MAURO G, et al. Are machines stealing our jobs
［J］. Cambridge Journal of Regions Economy & Society,2020,13(1)：153-173.

［41］ AUTOR D,DOR D,HANSON G,et al. The China syndrome：local labor market effects of import competition in the United States[J]. Institute for the Study of Labor (IZA),2023,103(6):2121-2168.

[42] BALSMEIER,BENJAMIN,WOERTER,et al. Is this time different? How digitalization influences job creation and destruction[J]. Research Policy,2019,48(8):103765.

[43] BEN V,JAN K,ANDREAS P,et al. The impact of automation on employment: just the usual structural change? [J]. Sustainability,2018,10(5):1-27.

[44] BESSEN J. AI and jobs: the role of demand[J]. Social Science Electronic Publishing,2018,48(8):103765.

[45] BJRKDAHl J. Strategies for digitalization in manufacturing firms[J]. California Management Review,2020,62(4):17-36.

[46] BLOOM D,MCKENNA M,PRETTNER K. Demography,unemployment, automation, and digitalization:implications for the creation of (decent)jobs,2010-2030[J]. Klaus Prettner,2018.

[47] BN A, AO B. Robotics technology and firm-level employment adjustment in Japan[J]. Japan and the World Economy,2021,57(0):101054.

[48] BORLAND J,COELLI M . Are robots taking our jobs? [J]. Australian Economic Review,2017,50(4):377-397.

[49] CASTELLS M . The rise of network society[M]. Second edition with a new preface. ed. Chichester, West Sussex: Chichester, West Sussex : Wiley-Blackwell, 2010.

[50] CHINORACKY R,COREJOVA T. How to evaluate the digital economy scale and potential? [J]. Entrepreneurship and Sustainability Issues, 2021,8(4): 536-552.

[51] COELLI M,BORLAND J . Job polarisation and earnings inequality in Australia [J]. Economic Record, 2016, 92(296):1-27.

[52] FREY C B,OSBORNE M A . The future of employment: how susceptible are jobs to computerisation? [J]. Technological Forecasting and Social Change, 2017,114:254-280.

[53] FREY D F . Economic growth, full employment and decent work: the means and ends in SDG 8[J]. International Journal of Human Rights, 2017,21(8):1-21.

[54] FUJITA M, KRUGMAN P, VENABLES A J. The spatial economy: cities,

regions,and international trade[J]. Mit Press Books,2001,1(1):283-285.

[55] GREEN L N,BENJAMIN K,HEONYEONG L. Robots,skill demand and manufacturing in US regional labour markets[J]. Cambridge Journal of Regions, Economy and Society,2019,13(1):77-97.

[56] HESS, PAUL L,RENATO D, et al. Response by lip to letter regarding article, "how to manage occult atrial fibrillation detected on long-term Monitoring"[J]. Circulation:An Official Journal of the American Heart Association, 2016,134 (5):E33-E34.

[57] KANCS D,CIAIAN P. Modelling the flow of knowledge and human capital: a framework of innovative capital[J]. EERI Research Paper Series, 2011, 7 (1):134-160.

[58] KLENERT D, ALAVERAS G, JI A, et al. The labour market impact of robotisation in Europe[J]. JRC Working Papers on Labour, Education and Technology, 2020:1-23.

[59] KRUGMAN P. Increasing returns and economic geography[J]. Journal of political economy,1991,99(3):483-499.

[60] LEE E S. A theory of migration[J]. Demography, 1966, 3(1): 47-57.

[61] LIBERT B,LING S,MOUHARTEM F, et al. Signature schemes with efficient protocols and dynamic group signatures from lattice assumptions [C]// International Conference on the Theory & Application of Cryptology & Information Security. Springer Berlin Heidelberg, 2016.

[62] MALLICK S K,SOUSA R M. The skill premium effect of technological change: new evidence from United States manufacturing[J]. International Labour Review, 2017, 156(1):113-131.

[63] SOMMARBERG M , MAKINEN S J. A method for anticipating the disruptive nature of digitalization in the machine-building industry[J]. Technological Forecasting and Social Change,2019, 146: 808-819.

[64] MEDINA C, CMP SUáREZ. Technical change and polarization of the labor market:evidence for Brazil, Colombia and Mexico[J]. BANCO DE LA REPúBLICA,2010(614):1-51.

[65]　MICHAEL R, ROMANA R, CHRISTIANA M, et al. Digitalization and its influence on business model innovation[J]. Journal of Manufacturing Technology Management,2019,30(8):1143-1160.

[66]　MICHAELS G, NATRAJ A, REENEN J V. Has ICT polarized skill demand? Evidence from eleven countries over 25 years[J]. CEPR Discussion Papers, 2010,96(1):60-77.

[67]　PAPPAS I O, MIKALEF P, GIANNAKOS M N , et al. Big data and business analytics ecosystems: paving the way towards digital transformation and sustainable societies[J]. Information Systems and e-Business Management, 2018,16(3):479-491.

[68]　RIBEIRO-NAVARRETE S, BOTELLA-CARRUBI D, DANIEL PALACIOS-MARQUéS, et al. The effect of digitalization on business performance: an applied study of KIBS[J]. Journal of Business Research, 2021,126: 319-326.

[69]　RIGONI P. Why becoming demand driven is crucial for a successful digital transformation [J]. Journal of Supply Chain Management, Logistics and Procurement,2019,2(2):167-180.

[70]　SHAO X, YANG Y, WANG L. Digital divide or digital welfare? The role of the internet in shaping the sustainable employability of chinese adults[J]. Journal of Global Information Management,2021, 29(5):20-36.

[71]　TANG C, HUANG K, LIU Q. Robots and skill-biased development in employment structure: evidence from China[J]. Economics Letters, 2021,205(Aug.):109960. 1-109960. 6.

[72]　TAPSCOTT D. The digital economy: promise and peril in the age of networked intelligence[M]. Educom Review,1996.

[73]　WANG H, FENG J, ZHANG H, et al. The effect of digital transformation strategy on performance: the moderating role of cognitive conflict [J]. International Journal of Conflict Management,2020,31(3):441-462.

[74]　WILLIAMS L D. Concepts of digital economy and industry 4. 0 in intelligent and information systems[J]. International Journal of Intelligent Networks. 2021,2: 122-129.

［75］ WOLFGANG D,SEBASTIAN F,JENS S,et al. The adjustment of labor markets to robots［J］. Journal of the European Economic Association，2021,19（6）: 3104-3153.